HANDBOEK
TOUR DE FRANCE
2014

Van Michael Boogerd en Maarten Scholten verschenen
eveneens bij Ambo|Anthos *uitgevers*

Handboek Tour de France 2012
Handboek Tour de France 2013

MICHAEL BOOGERD &
MAARTEN SCHOLTEN

HANDBOEK
TOUR DE FRANCE
2014

Ambo|Anthos
Amsterdam

Eerste druk april 2014
Tweede druk juni 2014
Derde druk juli 2014

ISBN 978 90 263 2748 3
© 2014 Michael Boogerd en Maarten Scholten
Deze uitgave kwam tot stand door bemiddeling van
House of Sports te Ouderkerk aan de Amstel
Omslagontwerp Studio Jan de Boer
Foto auteurs © Tessa Posthuma de Boer
Kaarten en klimprofielen © DeVink Mapdesign
Portretje Michael Boogerd © Marieke Ubbink

Verspreiding voor België:
Veen Bosch & Keuning uitgevers n.v., Antwerpen

INHOUD

WOORD VOORAF

Wielermagie, die zaterdagmiddag van de zesde juli 2013, in de beklimming naar het skioord Ax-3 Domaines in de Franse Pyreneeën. Wat een demonstratie van topfavoriet Chris Froome, die verschroeiend aanvalt en wint. Maar dan. Ineens zijn daar op de top Bauke Mollema en Laurens ten Dam. Vierde en vijfde in een loodzware Touretappe, iets meer dan een minuut achter Froome maar vóór topklimmers als Alberto Contador of Nairo Quintana! Op slag is Nederland wielergek. Eindelijk doen 'we' weer eens mee op het hoogste podium in de Tour. 'Er hoeft maar even succes in de Tour de France te zijn en iedereen is in de ban van *Bau en Lau*,' constateert Michael Boogerd in dit *Handboek Tour de France 2014*, de derde editie alweer.

Als televisiecommentator voor Eurosport en analyticus in het RTL-programma *Tour du Jour* volgde Boogerd de Tour van 2013 op de voet. Ook hij hunkert naar de komende editie. Is er meer mogelijk dan de zesde plaats van Mollema en de dertiende van Ten Dam? Kan Robert Gesink zijn topniveau van 2010, toen hij als vijfde eindigde, nog eens halen? Als iemand weet hoe moeilijk dat is, dan is het Boogerd. Twaalf keer reed hij zelf de Tour, met twee ritzeges en een vijfde plaats in het eindklassement van 1998 als beste resultaten. Na goede prestaties volgen niet zomaar betere prestaties, weet hij uit ervaring. 'In het wielrennen komt niets vanzelf,' aldus Boogerd. Maar hoop op Nederlands succes in de Tour van 2014 is gerechtvaardigd.

Boogerd weegt in dit handboek de kansen van de Nederlanders en de andere favorieten. 'Froome kan nog zeker twee keer de Tour winnen,' stelt hij. Maar Alberto Contador (met wie hij zelf nog jarenlang in het peloton fietste) is ook met een ambitieuze voorbereiding bezig, weet Boogerd van zijn oud-ploeggenoot Steven de Jongh, nu ploegleider bij Tinkoff-Saxo. Zie hem ouderwets bergop schitteren en winnen in Tirreno-Adriatico. 'Hij wil nog een keer alles op alles zetten voor een tourzege,' zegt Boogerd. 'Als het dit jaar niet gebeurt, gaat het hem volgens mij niet meer lukken.'

Maar de Tour is zoveel meer dan alleen de strijd om het geel. Het afzien, het lijden van de renners, die de zwaarste sportwedstrijd ter wereld kleur geven. Boogerd, in 2007 gestopt, voelt nog altijd wat zij voelen. Behandeling na een valpartij? 'In de EHBO-kist van de ploeg zaten standaard van die steriele nagelborsteltjes, met een zakje eromheen. Je kwam in de bus en kreeg van de dokter een kartonnen doosje. Ik weet het nog goed. Daar zat van die akelige zeep in, jodiumzeep of betadinezeep. En je kreeg zo'n borsteltje. "Kom zo maar terug," zei hij dan. Moest je met het borsteltje over je knie schuren om die open wond schoon te maken. Als je het zelf echt niet kon, deed de dokter het voor je. Maar pijn deed het sowieso.'

Net als de voorgaande twee edities bevat dit *Handboek Tour de France 2014* vier delen. Eerst volgt een uitgebreid etappe-overzicht, van de start in Engeland, de kasseien, Vogezen, Alpen, Pyreneeën en de enige tijdrit, tot het slot in Parijs. Vervolgens komen de favorieten aan bod voor de gele, de groene en de bolletjestrui. Het derde deel geeft een overzicht van alle deelnemende ploegen. Ten slotte is er een deel statistieken.

In de stukjes 'Boogerds blik', waarbij telkens zijn portretje staat afgebeeld, geeft Michael Boogerd zijn visie op de etappes, de favorieten en de ploegen. Per etappe zijn er in het eerste deel een aantal vaste rubrieken. 'Vive la France' gaat over Frankrijk, het prachtige decor van de Tour. In 'Demarrage' vertelt Boogerd of een enkele keer iemand anders over bijzondere herinneringen aan de Tour. 'Tourhistorie' spreekt voor zich en in 'Wielertaal' legt Boogerd dit keer onder meer uit wat 'barrage maken' is, en waarom je als renner voorzichtig moest zijn met de uitdrukking 'met het hol open'.

Op zaterdag 5 juli gaat het spektakel beginnen in het Engelse Leeds. Tot het sluiten van de persen voor dit boek en de start van de Tour zullen er wat kanshebbers afvallen of bijkomen. Niet alle voorspellingen zullen uitkomen. Toch biedt het *Handboek Tour de France 2014* de lezer hopelijk net zoveel voorpret en informatie voor bij de televisie of op vakantie als de succesvolle edities van 2012 en 2013. Op naar Utrecht, Tourstart 2015!

Maarten Scholten

ETAPPEOVERZICHT

ETAPPE	DATUM	AFSTAND	STARTPLAATS
Etappe 1	Zaterdag 5 juli	191 km	Leeds
Etappe 2	Zondag 6 juli	198 km	York
Etappe 3	Maandag 7 juli	159 km	Cambridge
Etappe 4	Dinsdag 8 juli	164 km	Le Touquet-Paris-Plage
Etappe 5	Woensdag 9 juli	156 km	Ieper
Etappe 6	Donderdag 10 juli	194 km	Arras
Etappe 7	Vrijdag 11 juli	233 km	Épernay
Etappe 8	Zaterdag 12 juli	161 km	Tomblaine
Etappe 9	Zondag 13 juli	166 km	Gérardmer
Etappe 10	Maandag 14 juli	161 km	Mulhouse
Rustdag	Dinsdag 15 juli		
Etappe 11	Woensdag 16 juli	186 km	Besançon
Etappe 12	Donderdag 17 juli	183 km	Bourg-en-Bresse
Etappe 13	Vrijdag 18 juli	200 km	Saint-Étienne
Etappe 14	Zaterdag 19 juli	177 km	Grenoble
Etappe 15	Zondag 20 juli	222 km	Tallard
Rustdag	Maandag 21 juli		
Etappe 16	Dinsdag 22 juli	237 km	Carcassonne
Etappe 17	Woensdag 23 juli	125 km	Saint-Gaudens
Etappe 18	Donderdag 24 juli	145 km	Pau
Etappe 19	Vrijdag 25 juli	208 km	Maubourguet / Val d'Adour
Etappe 20	Zaterdag 26 juli	54 km	Bergerac
Etappe 21	Zondag 27 juli	136 km	Évry

AANKOMSTPLAATS	TYPE	WINNAAR
Harrogate	Vlak	
Sheffield	Heuvelachtig	
Londen	Vlak	
Lille	Vlak	
Arenberg / Porte du Hainaut	Kasseien	
Reims	Vlak	
Nancy	Vlak	
Gérardmer	Aankomst bergop	
Mulhouse	Vlak	
La Planche des Belles Filles	Bergen	
Oyonnax	Vlak	
Saint-Étienne	Vlak	
Chamrousse	Bergen	
Risoul	Bergen	
Nîmes	Vlak	
Bagnères-de-Luchon	Bergen	
Saint-Lary-Soulan / Pla d'Adet	Bergen	
Hautacam	Bergen	
Bergerac	Vlak	
Périgueux	Individuele tijdrit	
Parijs	Vlak	

PUNTENSCHEMA VOOR DE GROENE TRUI

RENNERS	1	2	3	4	5	6	7	8	9	10	11	12	13	14	15	16	17	18	19	20	21	TOTAAL
Boasson Hagen																						
Cavendish																						
Greipel																						
Degenkolb																						
Sagan																						

ETAPPES

ETAPPE 1 • Zaterdag 5 juli

Start Leeds
Aankomst Harrogate
Afstand 191 kilometer
Streek Yorkshire
Bijzonder Voor de tweede keer in de
geschiedenis start de Tour de France
in Engeland.

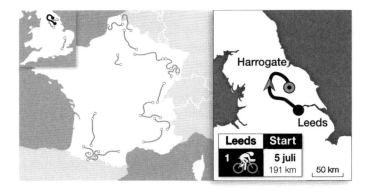

BOOGERDS BLIK

Het geeft altijd een leuke sfeer om met de Tour in een ander land te starten. Ik herinner me Londen 2007: dat was niet normaal, zoveel mensen. Het stond in het hele centrum van de stad rijendik, vanaf de eerste dag dat we ploegvoorstelling hadden. Zaterdag, bij de proloog, was het ook nog eens goed weer. Er was geen plek langs het parcours waar geen publiek stond. Heel gaaf. En nu leeft het er natuurlijk nog meer, na de Tourzeges van Bradley Wiggins en Chris Froome de afgelopen jaren, en de successen van Mark Cavendish en de Sky-ploeg.

Je ziet de laatste jaren vaker dat de organisatie het traditionele begin met een proloog laat varen, al start de Tour volgend jaar in Utrecht wel weer met een wat langere tijdrit van 13,7 kilometer. Ik vind eigenlijk dat een proloog bij de Tour hoort. Het geeft meteen ook wat rust in het klassement. Maar vandaag is het een rit in lijn, net als in 2008 en 2011 en vorig jaar op Corsica. Toen was het ook meteen spektakel in de eerste rit, met wat valpartijen en die bus van Orica-GreenEdge die klem kwam te zitten onder de finish. Ook dit jaar zal het de hele eerste dag onrustig zijn. Met volop hachelijke situaties.

Leeds kennen we nog van de Wincanton Classic, in de jaren negentig. Dat was een mooie wedstrijd. Ik heb daar een paar keer gereden; het parcours in die streek is 'Engels vlak'. Wat kleine heuveltjes, op en af, een beetje draaien en keren. En wat je in Engeland ook hebt, zijn die zogenoemde kattenogen op het asfalt: van die reflecterende rondjes die in het donker de loop van de weg aangeven. Als je midden in het peloton rijdt, zie je die dingen niet. Dat is echt levensgevaarlijk, want als je er een raakt, klapt je stuur ineens om. Groot risico op valpartijen, zeker als het nat is en die dingen spekglad zijn. Dat maakt het in Engeland een aparte manier van koersen. Niet heel relaxed.

Daar komt nog de stress bij dat het de eerste Tourdag is, waarop de eerste gele trui te vergeven is. Normaal gesproken wordt zo'n rit een massasprint, dus alle sprinters ruiken hun kans op geel. Marcel Kittel en zijn ploeg hopen op een herhaling van vorig jaar, maar zullen meer ogen op zich gericht weten. Dat geeft extra druk en stress. Mark Cavendish zal er ook zijn zinnen op zetten. Hij gaf eind vorig seizoen al aan dat hij geen Giro zou rijden om zich zo goed mogelijk voor te bereiden op de Tour. Dat zegt alles over zijn intenties.

FACTS & FIGURES • Wincanton Classic

Van 1989 tot en met 1997 werd in Groot-Brittannië elk najaar een belangrijke eendagskoers gereden met transport- en distributiebedrijf Wincanton Group als sponsor/naamgever. De eerste editie van de Wincanton Classic startte in Newcastle als onderdeel van de ook al nieuwe wereldbekercyclus, die de Internationale Wielerunie UCI in hetzelfde jaar begon. De twee jaar daarna werd de wedstrijd vanuit Brighton gereden, in 1992 volgde een verhuizing naar Leeds. In 1994 werd de naam gewijzigd in Leeds International Classic, en in de laatste editie in 1997 nog eens in Rochester International Classic. Weer een jaar later raakte de koers zijn plaats in de wereldbekercyclus kwijt aan de Vattenfall Cyclassics in Hamburg.

ERELIJST

1989 Frans Maassen (Nederland)
1990 Gianni Bugno (Italië)
1991 Eric Van Lancker (België)
1992 Massimo Ghirotto (Italië)
1993 Alberto Volpi (Italië)
1994 Gianluca Bortolami (Italië)
1995 Maximilian Sciandri (Italië)
1996 Andrea Ferrigato (Italië)
1997 Andrea Tafi (Italië)

 ## DEMARRAGE • Geluksgetallen

Rugnummer 51: dat was een van mijn geluksnummers, samen met 31. Met nummer 51 werd ik in 1998 vijfde in de Tour. Tot Lance Armstrong kwam, was 51 het rugnummer waarmee het vaakst de Tour de France was gewonnen. Lance was 1 en bleef 1. Maar onder anderen Eddy Merckx, Luis Ocaña, Bernard Thévenet en Bernard Hinault wonnen met 51. Het is een populair nummer. Bij mij leefde dat heel erg. Ik sliep lekkerder

als mijn ploegleiders Adri van Houwelingen of Theo de Rooij 's avonds de nummers kwamen brengen en ik had 31 of 51. Dan was ik blij. Later kwam daar ook 41 nog bij. Kopmannen rijden altijd met 1 of 9, het eerste of laatste nummer van een ploeg.

Een typisch geluksgetal als 7 zei mij niets. Ik heb als prof alleen nooit met 13 gereden. Absoluut niet. Bij de junioren kreeg ik weleens 13 en vroeg ik om een ander nummer; dan kreeg je het laatste nummer dat over was. Maar bij de profs kan dat niet. Veel renners zijn bijgelovig en als ze nummer 13 krijgen toegewezen, dragen ze het ondersteboven. Maar je hebt ook renners die het niets kan schelen. Léon van Bon is met 13 twee keer Nederlands kampioen geworden bij de junioren. Voor hem was het een geluksnummer. En schaatser Evert van Benthem natuurlijk, hij won er de Elfstedentocht mee. Wij hebben ons hele leven in Den Haag op nummer 13 gewoond. Maar in de koers? Nee.

ETAPPE 2 • Zondag 6 juli

Start York
Aankomst Sheffield
Afstand 198 kilometer
Streek Yorkshire
Bijzonder Sheffield is de stad van de film
The Full Monty en het WK snooker.

BOOGERDS BLIK

Nog meer op en af dan gisteren, met na 143 kilometer de beklimming van de Holme Moss. Die zat vroeger ook altijd in de Leeds Classic. Een vies smerig rotding. Niet superlastig, kijk maar naar de cijfers: 4,7 kilometer met een stijging van 7 procent. Maar het is op die klim helemaal open. In mijn beleving waaide het daar altijd. Yorkshire is niet makkelijk – je hebt daar weinig mooie brede wegen – en met wind is het altijd tricky koersen, maar zeker als de wegen smaller worden.

Als renner zou ik van tevoren aandacht besteden aan deze rit, ik zou willen weten hoe het zit met die klim. In 1998, bij de

Tourstart in Dublin, hadden we in de eerste rit halverwege zo'n soort klim. Daar had je toch een beetje schrik voor. Al bleek het achteraf een makkelijke rit te zijn. Op Corsica reden ze vorig jaar in de eerste rit ook een berg over die vergelijkbaar is met de Holme Moss. Toen zag je dat Marcel Kittel, André Greipel en Mark Cavendish in de finale gewoon van voren zaten. Zeker Cavendish of Peter Sagan zullen hun hand niet omdraaien voor een klim als de Holme Moss. Maar in de Tour ligt de snelheid altijd hoger, is er meer stress. Ook zo'n klim rijden ze harder dan in een normale wedstrijd.

En je zit die eerste dagen van de Tour toch al gestrest op je fiets. Dat heb je vaak nog erger bij de start in een ander land, alleen al omdat er meer mensen op af komen dan in Frankrijk. Toen we wegreden uit Den Bosch in 1996 was het enorm chaotisch, en in Rotterdam 2010 had je dat ook. Links en rechts pleurden ze. Van Londen 2007 herinner ik me nog dat de eerste rit, de dag na de proloog, ook zo nerveus was; heel de dag supergevaarlijk. Robbie McEwen raakte onderweg betrokken bij een valpartij en in de finale was er ook een massale valpartij, maar McEwen won toch nog. Smalle weggetjes, veel toeschouwers, iedereen wil van voren rijden. Voor je van het eiland af bent, kan de Tour al op z'n kop staan.

VIVE L'ANGLETERRE! • York

Een prachtige stad met een enorme historie, 8000 jaar voor Christus al bewoond. Door de Romeinen gesticht en Eboracum genoemd. Rond 210 na Christus kwam de stad in handen van de Angelen, het Germaanse volkje waar Engeland naar is vernoemd. Na de Angelen kwamen de Vikingen. Zij noemden de stad Jorvik en bouwden de prachtige stadsmuren en de voorloper van de beroemde kathedraal York Minster. Mocht je naast het fietsen ook van treinen houden, dan vind je bij het station in York het grootste treinmuseum van Europa. Maar vergeet zeker niet zelf op de fiets te springen. Het landschap is prachtig glooiend en heerlijk Engels. Wel links blijven rijden, ook op rotondes.

 ## WIELERTAAL • Snokken

Als iemand van kop komt en je neemt ineens keihard over, noemen wielrenners dat 'snokken': je snokt die ander er gewoon af. Dan ben je geflikt. Hoor je in de groep ook altijd schelden: 'Niet snokken, lul!' Vooral de Nederlanders roepen het, maar het werd wel overgenomen. Armstrong riep het ook, hij had een tijdje een Nederlandse vriendin.

In een ploegentijdrit kun je door te snokken heel smerig iemand naar de klote rijden, zodat hij bijna niet meer aan kan pikken. Dat heb je ook in een kopgroepje of in een waaier. En op training reed je vaak twee aan twee, met acht of tien koppeltjes. Dan gingen de explosieve types soms in een dorpje na wat bochten of een stoplicht ineens volle bak aan. De laatsten hadden het dan zwaar. 'Niet snokken,' schreeuwden ze dan. Dat werd weleens ruzie, hoor. Wat heeft dat nou voor nut, na zo'n stoplicht vol optrekken?

VIVE L'ANGLETERRE! • Sheffield

Wie denkt bij Sheffield niet aan de film *The Full Monty*? Een Britse komedie uit 1997 van regisseur Peter Cattaneo over het verval van een industriestad in Midden-Engeland in de jaren zeventig en tachtig van de twintigste eeuw. De film draait om het leven van zes werkloze metaalarbeiders die besluiten een stripteaseact te doen om zo wat extra's te verdienen. Oscar voor beste soundtrack, met Tom Jones die afsluit met 'You can leave your hat on'. Sheffield is ook niet los te koppelen van het wereldkampioenschap snooker, dat sinds 1977 altijd in het Crucible Theatre in deze stad wordt gehouden. Een Nederlander heeft hier nooit gewonnen, maar misschien gaat het op de fiets wél lukken.

ETAPPE 3 • Maandag 7 juli

Start Cambridge
Aankomst Londen
Afstand 159 kilometer
Streek Oost-Engeland

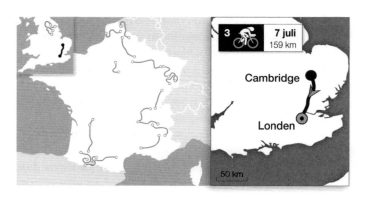

BOOGERDS BLIK

Aankomst in Londen, op een brede weg vlak bij Buckingham Palace, dat is weer iets voor Mark Cavendish. Een supersprinter, maar je moet ook het belang van zijn ploeg niet onderschatten. Omega Pharma-Quick-Step is superprofessioneel, daar rijden de besten van de wereld. Naast Cavendish voor de sprint rijden daar alleskunner Michał Kwiatkowski, die vorig jaar elfde was in Parijs, tijdrijder Tony Martin en klimmer Rigoberto Urán. Heel aardig ploegje. Kijk hoe ze twee keer op rij het wk ploegentijdrit winnen. De laatste jaren hebben ze de structuur nog verbeterd. En dan niet zoals Sky door steeds maar weer te benadrukken hoe apart ze bezig zijn. Het pure wielrennen, de renner, prevaleert nog altijd.

Bij een ploeg als Belkin zwaait coach Merijn Zeeman de scepter. Hij staat boven de ploegleiders en geneert zich niet om dat ook te laten voelen, terwijl een Zeeman nog nooit op een fiets heeft gezeten. Dat is bij Omega Pharma-Quick-Step wel even anders. Daar maakt maar één man de dienst uit: Patrick Lefevere. Dat is old-old-old-school wielrennen. En daarmee doel ik niet op dopegebruik, maar op echte wieler-cultuur. Ploegleiders als Tom Steels en Wilfried Peeters zijn allemaal oud-toprenners. Allemaal mensen die jarenlang we-reldwijd onder druk hebben gestaan in de wielerwereld, ook op een negatieve manier (denk aan Tom Boonen met zijn cokegebruik). Maar vergeleken met het softe bij Belkin is dit wel een keiharde wereld. Als je niet doet wat Lefevere zegt, kun je het schudden. Zo ontstaat een ploeg met enorme persoon-lijkheden, die elkaar al jaren kennen, en met duidelijkheid.

Als ik nu renner was geweest, had ik heel graag voor deze ploeg gereden. Lefevere is kei- en keihard. Hij weet wat hij wil. In de Tour moet iedereen van voren zitten voor Cavendish. En ik denk dat hij dit jaar met Mark Renshaw een renner heeft aangetrokken die van veel waarde gaat zijn. Hij is de man die Cavendish bij HTC-Highroad aan zijn eerste grote successen hielp door de sprint voor hem aan te trekken, maar bij Rabo of Belkin stond Renshaw de laatste jaren toch een beetje ge-parkeerd. Daar moest hij de sprint aantrekken voor Theo Bos, die in de grotere koersen vaak niet mee kon spurten. Soms mocht Renshaw dan voor eigen kans gaan, maar het lukte hem vrijwel nooit om te winnen. Ik denk dat hij beter rendeert in een rol van aantrekker, zeker nu hij is herenigd met Cavendish.

 ## WIELERTAAL • Plafonneren

Na een inspanning ineens volledig geparkeerd staan, wordt wel 'plafonneren' genoemd. Dan kun je helemaal niets meer, sta je in een keer helemaal stil. Je ziet ze er soms met hangen en wurgen aan hangen, en dan ineens is het gedaan, geef je het op, over en uit. 'Ik kom even twee kwartjes halen voor de parkeermeter,' zeiden we in zo'n geval.

VIVE L'ANGLETERRE • The Boat Race

Cambridge is een stad met veel groen, gelegen aan de rivier de Cam – vandaar ook de naam, 'brug over de Cam'. Natuurlijk bekend dankzij de universiteit, een van de beroemdste ter wereld. En ook door de jaarlijkse roeiwedstrijd tussen de universiteitssteden Cambridge en Oxford over de rivier de Theems in Londen. In 1828 werd de Cambridge University Boat Club opgericht en een jaar later ging voor het eerst The Boat Race van start. Inmiddels is het niet meer alleen een Engelse aangelegenheid; ook buitenlandse toproeiers zijn welkom. Vier Nederlanders deden tot nu toe mee aan The Boat Race: in 1994 Irene Grimberg, in 2002 Gerritjan Eggenkamp, in 2009 en 2010 Sjoerd Hamburger en in 2012 Roel Haen.

TOURHISTORIE •
De Britse omweg naar de Tour de France

Toen Bradley Wiggins in 2012 als Tourwinnaar in Parijs de hoogste trede van het erepodium besteeg, was dat de eerste keer dat een Brit de Tour had gewonnen. Zijn landgenoot en superknecht Chris Froome behaalde de tweede plaats. Een Britse dubbelslag, met andere woorden. En als winnaars vertegenwoordigden ze ook nog eens een Britse ploeg, Sky. In diezelfde ploeg droeg bovendien een derde Brit de regenboogtrui: Mark Cavendish, regerend wereldkampioen en onbetwiste sprintkoning. Vorig jaar was er weer Brits succes, met Chris Froome op de eerste plek. Geen wonder dat de Britten net zo in de ban raakten van het wegwielrennen als de Basken en de Belgen. Bradley Wiggins werd op geheel Britse wijze beloond voor zijn verdiensten voor de sport en heet nu

Sir Bradley, of Sir Bradley Wiggins.

De laatste tien jaar is de interesse voor wegwielrennen op de Britse eilanden geëxplodeerd. Voor baanwielrennen en individueel tijdrijden was altijd al belangstelling, maar nu is wielrennen op de openbare weg ook een echte trend geworden. Kijk alleen al naar Londen: gehuld in allerlei outfits, lichtgevend lycra of in driedelig pak scheuren mensen op de mooiste racefietsen door de straten. Dat zag je vroeger nauwelijks. Maar waarom heeft het meer dan honderd jaar geduurd voordat een Brit de beste van de wereld werd? Alles aan deze sport appelleert immers aan oer-Britse idealen als doorzettingsvermogen, moed, strijdlust en doelgerichte inspanning. Neem nou mannen als Ernest Shackleton, David Livingstone en Robert Falcon Scott: meesters in langdurig lijden, vasthouden aan een hoge moraal en moeilijkheden overwinnen. Voor de eerste Tourdirecteur Henri Desgrange moeten deze mannen helden zijn geweest. Ook de Britten hadden bewondering voor hen. Waarom heeft het dan zo lang geduurd voor het Britse wielersucces een feit was?

Dat heeft te maken met het verbod dat de Britse autoriteiten op wielerwedstrijden op de openbare weg hadden ingesteld. Rond 1880 kwam de Engelse interesse voor fietsen in een stroomversnelling, met als gevolg dat enthousiastelingen in 1888 de RRA oprichtten, de Road Records Association. Dat was een organisatie die zich bezighield met het klokken, noteren en archiveren van recordpogingen op verschillende trajecten waarop fietsers zich met elkaar wilden meten. De afstanden van die trajecten varieerden van 25 mijl, 50 mijl en 100 mijl tot wel 1000 mijl aan toe. De deelnemers reden tegen zichzelf en tegen de klok. De beste resultaten van die recordpogingen vormen ook vandaag de dag nog een uitdaging voor wielrenners. Zo stamt het record voor de 1000 mijl uit 2001, op naam van Gethin Butler: 2 etmalen, 7 uur en 59 minuten.

Zodra de RRA in het hele land met die recordpogingen begonnen was, waarschuwde de politie dat dit zogenaamde *furious pedalling* strafbaar was. Men vond onder andere dat deze fietsers een belediging waren voor het verkeer te paard. In 1895 besloot de Britse wielrijdersunie, de National Cyclists Union, daarom recordwedstrijden op de weg te verbieden. En toen een vrouwelijke ruiter omkwam doordat haar paard steigerde na geschrokken te zijn van een groepje 'brutale' fietsers, werden de sancties op wielerwedstrijden nog strenger. De wedstrijden mochten niet meer op de openbare weg worden gehouden en verhuisden naar de speciale wielerbanen.

De recordpogingen op de weg werden niet helemaal gestaakt, maar gingen min of meer ondergronds. Er was nu sprake van zogenaamde gecodeerde wedstrijden, waarbij de renners in burgerkleding reden in plaats van in clubtenues. Pas in 1942 organiseerde The British League of Racing Cyclists de eerste wedstrijd met een gezamenlijke start op Engelse bodem. Dus wat betreft de ontwikkeling van de wielersport op de openbare weg liepen de landgenoten van Sir Bradley zo'n vijftig jaar achter, en dat allemaal vanwege de Britse *fear of cycling*. Kwam je uit Engeland en wilde je aan een wegwedstrijd deelnemen, dan moest je het Kanaal oversteken. Dat gebeurde na verloop van tijd steeds vaker.

In tegenspraak daarmee was het feit dat de fietsindustrie lange tijd gedomineerd leek te worden door Engelse industriëlen, ondanks het verbod op *time trials* op de openbare weg. Toen in 1870 de Frans-Duitse oorlog uitbrak, werd de Engelse stad Coventry de pionier op het gebied van productie van fietsen. James Starley van de Coventry Sewing Machine Company wordt terecht de grondlegger genoemd van de Engelse fietsproductie dankzij zijn technische verbeteringen van de Franse Michaux-vélocipède. Rond 1900 was Raleigh in Nottingham de grootste fietsfabriek ter wereld. Al in 1901 produceerde men daar de eerste fiets met een geheel stalen frame. Raleigh beleefde goede tijden tot het midden van de jaren vijftig uit de vorige eeuw, toen de verkoop van auto's toenam en de productie en omzet van fietsfabrikanten begon te dalen. Andere belangrijke Engelse fietsmerken waren Hutchinson, met een fabriek in Birmingham, Carlton in Nottinghamshire en Mercian Cycles in Derby. Deze merken ontleenden hun naamsbekendheid voor een groot deel aan bekende baanwielrenners, die in hun vaderland grote sporthelden waren. Zo was Reg Harris het gezicht van Raleigh.

Baanwielrennen heeft al meer dan honderd jaar een sterke positie in Groot-Brittannië. Tijdens de Olympische Spelen van Londen in 2012 domineerden de Britse wielrenners op veel disciplines. En Sir Bradley Wiggins heeft zijn adellijke titel evenzeer te danken aan zijn verdiensten op de baan als aan die op de weg. Verrassend veel Britse toprenners in het Skyteam hebben een achtergrond als baanwielrenner en sommigen wisselen wedstrijden op de weg af met die op de baan.

Charles Holland en Bill Burl waren de eerste Britse deelnemers aan de Tour de France. Dat was in 1937, het jaar waarin de renners voor het eerst gebruik mochten maken van een volwaardig versnellingsmechanisme. Holland en Burl vormden samen met de Frans-Canadese Pierre Gachon een piepklein team zonder noemenswaardige klassementskansen, ze waren muizen vergeleken met de olifanten uit het peloton. Gachon haalde de eerste dag niet eens de tijdslimiet; Burl kwam in de tweede etappe ten val en gaf op. Vanaf de derde etappe bestond het team alleen nog uit Charles Holland, of Sir Holland, zoals de Fransen hem graag noemden.

Holland had weinig of geen ervaring met fietsen in de bergen, niet met klimmen en niet met afdalen. Wielrenners die in de buurt van bergen wonen, trainen erop om de bochten in een enorme snelheid te nemen. '[…] Ik hoop er alles van te leren!' schreef Holland in een Engels tijdschrift voordat de wedstrijd zou beginnen. Toch was zijn grootste handicap niet een gebrek aan ervaring, maar het feit dat hij niemand had die hem onderweg kon helpen. Hij moest voortdurend om gunsten bedelen bij de hulptroepen van andere teams. De dappere Brit wist over de Ballon d'Alsace te komen en kwam ook heelhuids door de besneeuwde Alpen. Maar toen de renners de Pyreneeën bereikten, deden het gebrek aan materiaal en ondersteuning hem de das om. Volgens de reglementen mochten de renners niet meer dan drie reservebanden bij zich hebben. Toen Holland tijdens een etappe verschillende keren lek reed, moest hij een toeschouwer langs de weg om een band vragen. De band was te groot en gleed voortdurend van de velg. Holland liet zich niet kennen en trapte uit alle macht door, maar toen hij de volgende controlepost bereikte, waren de Franse officials al vertrokken. Toen zat er niets anders op dan zijn startnummer af te doen. Nog vele jaren later vond een verbitterde Charles Holland dat de organisatie hem willens en wetens aan zijn lot had overgelaten. Ze wilden hem uit de koers hebben, want wat zouden de mensen wel niet denken als je zonder hulp de Tour de France kon uitrijden?

De Britten werden in 1955 voor het eerst serieus bij de Tour de France betrokken, toen de Tour onder leiding stond van Jacques Goddet. Goddet was anglofiel, had in Oxford gestudeerd en in zijn vaste outfit, een kakikleurig pak, had hij wel iets weg van een ouderwetse koloniaal. Hij wilde de Tour graag internationaler maken. Daarom nodigde hij een Brits team uit om mee te doen, met Brian Robinson als kopman. Robinson fietste voor het Engelse merk Hercules en had dat voorjaar goede klasseringen gehaald in een aantal klassiekers. Zeven Britse deelnemers reden voor Hercules en hadden dus ervaring met profwielrennen op het continent. De drie andere Britten hadden alleen in hun eigen land gereden (in die tijd telde een team tien renners).

'Meer lef dan ervaring,' kopte *L'Équipe* toen het nieuws over de Britse ploeg werd gebracht, en daarin viel enige Franse arrogantie te bespeuren. Maar de journalisten kregen gelijk. Aan het begin van de twaalfde etappe hadden al acht Engelse renners opgegeven; alleen Brian Robinson en Tony Hoar, een loodgieter uit Portsmouth, waren nog over. Robinson had niet veel aan een knecht als Hoar, maar als 'Lanterne Rouge', degene die op de laatste plaats van het klassement staat, kreeg Hoar flink wat publiciteit. De journalisten vroegen zich af of Hoar uit het juiste hout gesneden was om de tocht te voltooien. Dat was inderdaad het geval. En toen de Tour achter de rug was, vroeg iemand Hoar wat onderweg de grootste indruk op hem had gemaakt. 'De bikini's aan de Côte d'Azur,' antwoordde Hoar. Zoiets kenden ze niet in Portsmouth.

Drie jaar later begonnen de Britten van zich af te slaan. Toen won Brian Robinson de zevende etappe van Saint-Brieuc naar Brest na een sprintduel. Eigenlijk kwam de Italiaan Arrigo Padivan als eerste over de finish, maar vanwege een onreglementaire sprint werd hij gediskwalificeerd. Daarmee begon de Britse zegereeks in de Tour de France, met een toegekend protest. Wielrenners in de adelstand verheffen was toen nog volstrekt ondenkbaar. In 1959 won Robinson opnieuw een etappe, deze keer in een samengestelde ploeg met Denen, Portugezen, Engelsen en een Ier. Vanaf die tijd waren Britten vaste gasten in de Tour de France. Bijna elk jaar waren er wel een of meerdere Britse deelnemers. Als we naar de bekendste Britse deelnemers kijken, ziet die lijst er ongeveer als volgt uit:

Jaren vijftig: Brian Robinson
Jaren zestig: Tom Simpson
Jaren zestig en begin jaren zeventig: Barry Hoban
Jaren zeventig en tachtig: Paul Sherwen (thans bekend als commentator voor Channel Four)
Jaren tachtig en negentig: Robert Millar en Sean Yates
Jaren 2000 en verder: David Millar

Vanaf 2000 hebben de Britten enorme vooruitgang geboekt. Op de UCI-ranglijst stond Groot-Brittannië in 2012 op de tweede plaats van het landenklassement, terwijl het gastland van de grootste wielerwedstrijd ter wereld slechts op een armzalige twaalfde plaats stond, achter landen als Colombia, Portugal en Noorwegen. Op de ranglijst voor ploegen stond Sky Procycling uit Groot-Brittannië bovenaan. Sir Bradley stond op de lijst van beste renners op de tweede plaats, achter de Spanjaard Joaquim Rodríguez.

In de *swinging sixties* maakte Tom Simpson de wielersport in Engeland hip. In de Tour van 1962 droeg hij als eerste Brit de gele trui. Dat jaar werd hij zevende, een Brits record dat tot een paar jaar terug is blijven staan. Het jaar daarvoor won hij de Ronde van Vlaanderen, in 1964 Milaan-San Remo en in 1965 werd hij wereldkampioen. Hij was een van de grootste wielrenners aller tijden en onder collega's genoot hij veel respect.

Een van de renners die Simpson bewonderden, was de jonge Eddy Merckx. Merckx reed samen met de Brit voor de Peugeot-ploeg en kreeg van de ervaren Simpson tips over training, tactische voorbereiding en slimme manoeuvres tijdens de koers. Maar zoals Merckx opmerkte waren de lange etapperitten niet echt Simpsons sterke punt, hij was meer iemand voor de klassiekers. Dat heeft Simpson zelf helaas nooit willen inzien en hij weigerde zijn ambities om de Tour te winnen te laten varen. Dat werd zijn ondergang.

In de zomer van 1967 begonnen de renners in een snikhete en droge Provence aan de dertiende etappe, met daarin de beruchte Mont Ventoux. Tom Simpson had naar deze etappe uitgekeken. Hij lag redelijk vooraan in het algemeen klassement en wilde nog steeds dolgraag in Parijs op het podium staan. Hij had geld nodig, en goede resultaten zouden hem een betere uitgangspositie geven bij de onderhandelingen over een nieuw contract. Simpson wist dat niemand anders dan hijzelf hem de zege zou kunnen bezorgen, daarvoor was de Peugeot-ploeg niet sterk genoeg.

De hitte was niet te harden. De renners hadden constant dorst. Vergeet niet dat dit zich afspeelde voordat de renners vanuit de volgauto's van bidons werden voorzien. Vlak voor de twintig kilometer lange klim naar de Mont Ventoux zou beginnen, sprong Simpson van zijn fiets, rende een huis binnen en goot wat sterkedrank naar binnen. Eerder op de dag had hij al met zijn knecht Colin Lewis brandy gedeeld. Ook had Simpson drie doosjes amfetaminetabletten in de achterzak van zijn trui zitten, waarvan hij er inmiddels twee soldaat had gemaakt.

Aanvankelijk maakt hij bij de beklimming een sterke indruk en hij zit helemaal voorin. Maar als de klimmer Julio Jiménez versnelt, laat Simpson zich terugvallen. Algauw wordt hij door een aantal renners gepasseerd. In de volgauto zitten ploegleider Alec Taylor, mecanicien Harry Hall en chauffeur Ken Ryall. Nog geen twee kilometer van de top zien ze Simpson op zijn fiets zigzaggen, zijn hoofd hangt scheef op zijn rechterschouder, wat bij hem een duidelijk teken van vermoeidheid is. Vijfhonderd meter verder valt hij om en blijft in half liggende, half zittende houding tegen de bergwand leunen. Hall en Taylor snellen toe, de mecanicien maakt zijn schoenen los van de pedalen en probeert hem van zijn fiets te halen, maar Simpson protesteert. Taylor beslist: 'Als Tom wil rijden, dan rijdt hij.' Ze helpen hem weer overeind, Hall maakt de toeclips vast en ze duwen hem vooruit.

Weer vijfhonderd meter verder begint Simpson opnieuw te zigzaggen. Ze hollen op hem af, leggen hem plat op de weg. Hall probeert hem van zijn fiets te halen, maar merkt dat Simpsons vingers het stuur niet willen loslaten. Waarschijnlijk is hij dan al buiten bewustzijn. De arts probeert Simpson te reanimeren, maar tevergeefs. Met een helikopter wordt Simpson naar het ziekenhuis in Avignon gebracht, waar kort na binnenkomst wordt vastgesteld dat hij is overleden.

Simpsons dood in de Provence is een van de drie dodelijke ongelukken die in negenennegentig Tours de France hebben plaatsgevonden en die direct met het fietsen verbonden zijn. De twee andere, van de Spanjaard Cepeda, die in de Alpen van de weg reed, en de Italiaan Casartelli, die bij een afdaling in de Pyreneeën een dodelijke val maakte, waren noodlottige ongevallen in de bergen, waar het risico om van de weg te raken tijdens de razendsnelle afdalingen nu eenmaal groot is. Maar Simpsons dood was van een andere aard. Het ging om de strijd die de renner voerde met zichzelf, met de grillige – sommigen noemen het kwaadaardige – Mont Ventoux en met de enorme natuurkrachten (in dit geval de hitte). Dat de enige renner die erin slaagde om zich bij een beklímming dood te rijden een Brit was, zou je zelfs logisch kunnen noemen. Tijdens Simpsons laatste uren op de fiets leverde hij een gevecht met zichzelf. We horen als het ware de echo van zo'n zeventig jaar individuele tijdritten aan de overkant van het Kanaal: tien mijl. Twintig mijl. Vijftig mijl. Honderd mijl. De renners in geconcentreerde, introverte activiteit. De race tegen de klok. Het gevecht met zichzelf. Voor zelfrespect. Voor de goede sportgeest. Voor het record.

ETAPPE 4 • Dinsdag 8 juli

Start Le Touquet-Paris-Plage
Aankomst Lille
Afstand 164 kilometer
Streek Nord-Pas-de-Calais
Bijzonder Jan Raas won in 1982 een Tourrit
in Lille.

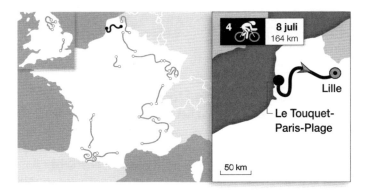

BOOGERDS BLIK

Ook deze rit zie ik eindigen in een massasprint. De belangen voor de sprintersploegen zijn te groot om iets te laten lopen. Alles moet voor hen gebeuren in de eerste week. Daarna krijg je de Vogezen, Alpen en Pyreneeën, waar er weinig overblijft voor de sprinters. In deze streek zal het wel waaien, wat altijd gevaarlijk is. De dag ervoor hebben ze gevlogen vanuit Engeland en dat verteren niet alle renners even goed. Zoiets kan in de benen slaan. Twee factoren dus die het wat lastiger maken en dan moet je een kort ritje, vol erin. Vier uurtjes 'laagvliegen', controle van de sprintersploegen, die elkaar dan proberen af te troeven in de finale. Dat wordt link.

WIELERTAAL • Laagvliegen

Als het keihard gaat, als er volle bak wordt gereden, noemen renners dat 'laagvliegen'. In de Tour kan dat meteen aan het begin van de rit al gebeuren. Dan gaat het zo verschrikkelijk hard. 'Het was echt laagvliegen vandaag,' zeggen we dan achteraf in de bus. Ik kan me zo'n moment in de Tour van 2003 herinneren. Een rit naar Lyon, niets bijzonders. Tot we een bocht naar rechts kregen, langs de Seine reden en ze ineens vol doortrokken. Ik zat van achteren, alles op een lint. Ik heb nooit harder gefietst op een vlak stuk weg, zelfs niet achter een auto. Ik reed op de 'elf', maar kon mijn eigen benen niet eens bijhouden. Vergeet ik nooit meer. Dat was even laagvliegen langs de Seine.

VIVE LA FRANCE • Lille en De Gaulle

Lille in het Frans of Rijsel in het Vlaams, van oudsher bekend als grauwe industriestad waar we snel voorbijrijden op weg naar La Douce France. Als industriestad in de negentiende eeuw kreeg Lille de bijnaam 'Manchester van Frankrijk'. Bolwerk van het socialisme ook, waar Pierre De Geyter in 1888 'De Internationale' componeerde, dat er op 8 juli van datzelfde jaar voor het eerst werd gezongen.

Grauwe industriestad? Het tegendeel blijkt waar, wanneer Lille zich begin juli 1994 voor de tweede keer na 1960 aan de wereld presenteert voor Le Grand Départ van de Tour de France. Zon, vrolijkheid en prachtige gebouwen, beschrijft Jeroen Wielaert de startplaats van 1994 in zijn onvolprezen boek *Het Frankrijk van de Tour*. Neem het Grand Palais, ontworpen door de Nederlandse architect Rem Koolhaas. Of het dan gloednieuwe TGV-station van glas en staal. Of het sfeervol opgeknapte Place du Général-de-Gaulle, genoemd naar de beroemdste zoon van Lille.

Tijdens de Eerste Wereldoorlog vocht De Gaulle (1890-1970) als officier in de Slag om Verdun en in de Tweede Wereldoorlog leidde hij de Franse regering in ballingschap. Later werd hij de eerste president in de door hemzelf ontworpen Vijfde Republiek (1959-1969). Bekend is zijn visie op de (te) grote invloed van de Verenigde Staten op Europa: 'Ik meen op de kaart te hebben gezien dat Amerika niet in Europa ligt.' Bij Parijs is het grootste vliegveld van Frankrijk naar hem vernoemd, net als het drukste plein van de hoofdstad, waar de Arc de Triomphe staat. Op 9 Rue Princesse in Lille, het huis waar hij werd geboren, is een museum: Maison Natale Charles de Gaulle.

TOURHISTORIE • Ritwinnaars in Lille

1906 Émile Georget (Frankrijk)
1933 Maurice Archambaud (Frankrijk)
1934 Georges Speicher (Frankrijk)
1935 Romain Maes (België)
1936 Paul Egli (Zwitserland)
1937 Jean Majerus (Luxemburg)
1938 François Neuville (België)
1947 Ferdi Kübler (Zwitserland)
1950 Alfredo Pasotti (Italië)
1953 Stanislas Bober (Frankrijk)
1954 Louison Bobet (Frankrijk)
1956 Fred De Bruyne (België)
1980 Bernard Hinault (Frankrijk)
1982 Jan Raas (Nederland)
1994 Chris Boardman (Groot-Brittannië)

ETAPPE 5 • Woensdag 9 juli

Start Ieper
Aankomst Arenberg / Porte du Hainaut
Afstand 156 kilometer
Streek West-Vlaanderen, Nord-Pas-de-Calais
Bijzonder Spektakel verzekerd in een Tourrit
  met 9 stroken kasseien van in totaal
  15 kilometer.

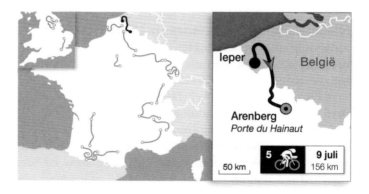

BOOGERDS BLIK

Deze etappe, over een deel van de kasseien van Parijs-Roubaix, kan bepalend zijn voor het verdere verloop van de Tour. In totaal moeten ze vandaag 15 kilometer over kasseien, meer dan de laatste keer dat de Tour hier in 2010 kwam. Toen brak favoriet Fränk Schleck bij een val zijn sleutelbeen. Links en rechts lagen ze steeds op de grond. Alberto Contador en Lance Armstrong, die dat jaar zijn laatste Tour reed, verloren tijd op hun concurrenten. Zoiets kan nu weer gebeuren. En stel dat een klassementsman tijd verliest. Ben je goed in vorm, maar sta je door een valpartij ineens op achterstand. In dat geval zal de klassementsman in kwestie in het vervolg van de Tour sneller de koers willen openbreken. Niet wachten tot de Alpen of Pyreneeën, maar al de aanval kiezen in de Vogezen. Dan krijg je een andere Tour.

De totale lengte van 15 kilometer kasseien is niet eens het ergste. Het is vooral lastig omdat er maar liefst negen kasseistroken zijn. Bij Parijs-Roubaix kom je op de eerste strook af met een grote groep, maar daarna wordt de groep steeds kleiner door natuurlijke schifting. In de Tour blijft de groep altijd vrij groot. Gevaarlijk, rond die kasseistroken gaan er ongetwijfeld dingen gebeuren. Het bestaat niet dat alle toppers hier ongeschonden doorheen komen. Ze gaan veel tijd verliezen of zelfs uit koers raken. Het is rond die kasseistroken bovendien vaak een zootje met de volgauto's, ook daardoor krijgen we zeker een of twee verliezers.

Je moet een goede ploeg hebben voor deze etappe, minimaal een man meenemen die heel goed over de keien kan rijden. Zoals Fabian Cancellara in 2010 deed voor Andy Schleck. Die had het makkelijk, met zo'n lead-out. Bij Belkin hebben ze twee mannen die specialist zijn: Sep Vanmarcke en Lars Boom. Plus eventueel Maarten Wynants. Zij zullen maar een taak hebben vandaag: zorgen dat ze Bauke Mollema en Robert Gesink zo goed mogelijk bijstaan, zoals bij Sky Geraint Thomas, Ian Stannard en Edvald Boasson Hagen het moeten doen voor Chris Froome. In de bergen kan hij het wel alleen af. Vandaag niet.

Over de keien rijden is het probleem niet voor de kopmannen, zeker niet als ze in vorm zijn. Als Mollema goed is, gaat hij gewoon achter Boom of Vanmarcke zitten. Figuurlijk gesproken doet hij dan zijn ogen dicht, rost zo hard mogelijk over die keien en maar hopen dat hij er goed doorheen komt. Maar het zwaarst zijn niet de stroken zelf, maar de aanloop ernaartoe. Iedereen wil van voren zitten, het is constant wringen, veel valpartijen. In het gewring moet je een ploeg om je heen hebben. Het is zaak om gegroepeerd te zitten, zodat je bij pech en valpartijen snel hulp bij je hebt.

Elke keer dat de Tour over de kasseien gaat, krijg je weer die eindeloze discussies. Mensen zeggen: moet dit nou? Uren en uren wordt er vooraf gepraat of het nog wel van deze tijd is. Alle knappe koppen eromheen willen graag roepen dat het eigenlijk ongeoorloofd is en dat het niets met het moderne wielrennen te maken heeft.

Maar dat ís juist het wielrennen. Al wordt er nog zoveel over gediscussieerd, de Tourorganisatie zegt: we doen het gewoon. En iedereen accepteert het. Het parcours word je voorgeschoteld, je moet er overheen. Klaar. En over drie jaar krijg je weer hetzelfde verhaal. Zo is het altijd geweest. Joop Zoetemelk, onze laatste Nederlandse Tourwinnaar, verloor in 1980 veel tijd op de kasseien tegen Bernard Hinault. Dat kon toch niet? Maar Jan Raas en Gerrie Knetemann werden 's avonds na die rit boos op Joop, en hij won die Tour alsnog. Discussie vergeten.

Ondanks de valpartijen kijkt iedereen stiekem uit naar ritten als deze. Er is altijd spektakel. Ik vind ook dat het erbij hoort. Ik ga er met veel plezier naar kijken.

VIVE LA BELGIQUE • Ieperboog

In startplaats Ieper herdenkt de Tourkaravaan vandaag de Eerste Wereldoorlog, die honderd jaar geleden begon en hier enorm veel slachtoffers eiste. Enkele maanden na de Duitse inval in België op 4 augustus 1914, liep het front bij Ieper vast. Vier jaar lang, van oktober 1914 tot oktober 1918, bevond het slagveld zich op slechts een paar kilometer van het centrum van dit kleine middeleeuwse stadje. De loopgraven lagen van noord naar zuid in een boog rond Ieper: de Ieperboog, ook bekend onder de Engelse naam van de geallieerden Ypres Salient. Voor de eerste keer in de geschiedenis werden massavernietigingswapens ingezet; chloorgas en mosterdgas; de laatste wordt ook wel yperiet genoemd. In vier jaar tijd sneuvelden een half miljoen mensen en werd de stad met de grond gelijkgemaakt. Pas in 1920 kwam de wederopbouw op gang en werden in en om de stad de meer dan 150 militaire begraafplaatsen aangelegd. Voor liefhebbers van fietsen en historie is er de thematoertocht Ieperboog (35 kilometer), die het landschap koppelt aan de historische feiten en eens te meer de zinloosheid van de oorlog benadrukt. Startplaats is op de Grote Markt in Ieper.

DEMARRAGE • Oorlog

In de Tour van 2004 hadden we maar twee stroken, in totaal nog geen zes kilometer kasseien. Maar het was een slagveld, dat wil je niet weten. Die zes kilometers brachten een hoop teweeg, al kwam op het laatst weer een grote groep samen. En de ophef kwam niet eens zozeer door die zes kilometer, maar vooral door de aanloop. Dat was zowat niet te doen, zo nerveus. We kwamen aan over van die mooie, brede Franse wegen, met tweehonderd man. Je weet dat je een trechter in gaat. Dat gaf veel spanning in het peloton. Je hebt tien klassementsrenners, die moeten alle tien met hun ploeggenoten van voren rijden. Dan zit je met meer dan honderd man te wringen. En honderd renners die serieus wringen, dat geeft ongelukken. De ploeg van Lance Armstrong maakte toen oorlog om Iban Mayo uit te schakelen. Hij verloor minuten. Wij waren met Rabo nog redelijk georganiseerd als ploeg, maar het ging toch niet helemaal goed. Ineens zaten we op de keien met zijn allen in de tweede groep, maar wel gegroepeerd. Toen kon brommer Marc Wauters ons terugrijden naar de eerste groep.

WIELERTAAL • Barrage maken

Achter het peloton rijdt in de Tour een lange colonne met auto's. Wanneer er een gat valt tussen verschillende groepen renners, mogen de auto's er op een gegeven moment tussen, totdat een of meerdere renners terugkomen op de groep ervoor. Dan geeft de jury opdracht tot een barrage. Dat betekent dat alle auto's aan de kant moeten, zodat die de koers niet kunnen beïnvloeden.

Als je net van achteruit aan het terugkomen bent en ze maken barrage, ben je geflikt. Stel je hebt lek gereden en komt terug tot op de auto's, en dan maken ze barrage en valt er ineens een groot gat. Dan vervloek je de jury. Het Nederlandse jurylid Mirjam van Es is daar een koningin in. Kwam ik terug van een lekke band, zat zij in het midden van die colonne en maakte barrage. Alle auto's langs de kant. Zit je daar alleen. Tussen de auto's is het goed te doen om terug te komen en dan ineens niet meer. Dan ben je geflikt. Dat is een gluiperige streek.

Met waaiers is het anders. Alejandro Valverde kwam in de vorige Tour na een lekke band ineens in niemandsland te zitten, in die rit dat Belkin het op de kant gooide. Toen maakten ze ook barrage. Daardoor kon hij het helemaal schudden. Tegen de wind is het echt niet te doen om in je eentje of met een paar renners terug te komen op een grotere waaier.

Ploegleiders maken uit zichzelf heel zelden barrage. Als je lek hebt gereden, word je altijd achter de auto gepakt door een collega-ploegleider. Dat is een ongeschreven wet. Maar heel af en toe staat er nog een oude rekening open. Laten ze je eerst dichtbij komen en trekken dan snel even op. Om te pesten. Is ook wat, hoor. Ben je van auto naar auto aan het jumpen, met zestig in het uur, wil je naar de volgende auto springen, geeft die ineens gas. Zit je daar weer alleen. Dat doen ze weleens, de honden. Ze zien je in de achteruitkijkspiegel komen, laten alvast een gat vallen met de auto ervoor. Dan ben je er bijna en scheuren ze weg.

TOURHISTORIE • Henri Pélissier

Zeges

Won de Tour de France in 1923. Won drie keer de Ronde van Lombardije, twee keer Parijs-Roubaix en een keer Milaan-San Remo.

Henri Pélissier (1889-1935) was anders dan de meeste prof-wielrenners. In de eerste plaats was hij geen boeren- of arbeiderszoon uit de provincie, maar een echte Parijzenaar, zoon van een welgestelde eigenaar van een melkfabriek, die geen goed woord overhad voor de wielersport. Een bestaan als profwielrenner was net zo onzinnig als een baan in het circus, meende vader, dus verlieten Henri en zijn jongere broer Francis het ouderlijk huis om hun droom van een profcarrière in de wielersport waar te kunnen maken. In totaal waren er vier broers: Henri, Francis, Charles en Jean. De drie eerste werden alle drie beroemde wielrenners in Frankrijk, maar Jean verloor het leven tijdens de Eerste Wereldoorlog. Henri en Francis koersten samen, de carrière van Charles begon enkele jaren later.

De beide broers waren voortdurend bezig met het ontdekken van betere trainingsmethoden – en betere wedstrijdstrategieën. Voor de meeste rijders betekende een training destijds zo lang en zo snel mogelijk fietsen. Henri en Francis stopten met de duurtraining met lage intensiteit en begonnen in plaats daarvan met kortere, intensieve intervaltrainingen. Het volgende waar ze mee experimenteerden was hun dieet, zowel tijdens de trainingen als tijdens de wedstrijden. Het was tot die tijd gewoon om 's morgens, voordat het startschot viel, zo veel mogelijk eten naar binnen te werken. De renners verslonden karbonades, eieren, brood, kaas en ham om maar zo veel mogelijk energie te kunnen produceren. De gebroeders Pélissier gaven de voorkeur aan een licht ontbijt, om vervolgens al na enkele kilometers uit het peloton te demarreren; de volgegeten concurrenten waren niet in staat hen te volgen. Henri en Francis stopten ook met het drinken van alcohol tijdens de wedstrijd; ook dat was een revolutie op zich. Zowel wijn, versterkte wijn als brandewijn werd beschouwd als een noodzakelijke stimulans tijdens krachtsinspanningen, en bovendien was sterkedrank een goede pijnstiller.

Henri was zonder twijfel de broer met het meeste talent; en daar was hij zich ook terdege van bewust. Hij wist wat hij wilde, het was een man met een uitgesproken mening en een enorm ego. Die combinatie leverde een hoop ruzies en problemen op over alles en met iedereen – met rijders, organisatoren, journalisten en vrienden. De laatste ruzie van zijn leven vond plaats op een dag in mei 1935, met zijn twintig jaar jongere geliefde, het model Camille Tharault. Pélissier bedreigde haar met een mes en Camille verdedigde zich door vijf schoten te lossen met een revolver. In de rechtszaal verklaarde Camille dat ze Henri Pélissier uit noodweer had gedood. De rechter geloofde haar, en Camille Tharault werd slechts tot een jaar voorwaardelijke gevangenisstraf veroordeeld.

Ook uit de statistieken van de Tour de France is het een en ander op te maken over de dwarsligger Pélissier. Acht keer verscheen hij aan de start, maar slechts twee keer reed hij de ronde uit. Nadat Pélissier in 1920 voor de tweede keer op rij vroegtijdig de Tour verliet, schreef tourdirecteur Henri Desgrange: 'Henri Pélissier kan elke andere wedstrijd winnen, maar niet de Tour de France. De naam Pélissier zal nooit op de erelijst staan – daarvoor is de Tour moreel en fysiek te zwaar.' Die woorden moest hij terugnemen. In 1923 won Henri Pélissier de 17de Tour de France. Het gejubel van de menigte Franse toeschouwers – meer dan een miljoen mensen hadden zich verzameld langs de straten naar het Parc des Princes in Parijs – en de oplage van de krant *L'Auto* stegen tot ongekende hoogte. Pélissier was de eerste Franse 'thuiswinnaar' sinds vele, vele jaren.

ETAPPE 6 • Donderdag 10 juli

Start Arras
Aankomst Reims
Afstand 194 kilometer
Streek Pas-de-Calais, Marne
Bijzonder Na de Tour van 1998 had
   TVM-ploegleider Cees Priem een tijd lang
   huisarrest in een hotel in Reims,
   vanwege een dopingaffaire.

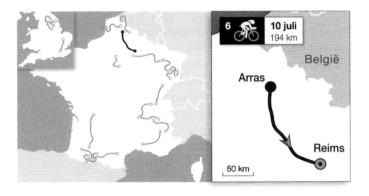

BOOGERDS BLIK

Vandaag is het wonden likken van de dag ervoor. Er zal veel worden nagepraat aan het begin van die rit, er zullen wat kleine binnenbrandjes zijn. Er is altijd wel een favoriet weggereden toen hij zag dat een andere favoriet lek reed of zo. Stof genoeg, letterlijk en figuurlijk. En na de kasseien misschien wel een nieuwe geletruidrager.

In het begin gaat waarschijnlijk een groep lopen en dat wordt dan op het laatst toe gereden. Massasprint. Dus weer een kans voor Marcel Kittel, André Greipel en Mark Cavendish. Dat zijn gewoon de drie beste sprinters, die hebben bewezen dat ze het kunnen afmaken. Zoveel vlakke ritten tot de eerste bergrit van komende zaterdag, dat is lang geleden. In 2005 had je een beetje zo'n schema als dit. Maar toen was er op de eerste dag al een lange tijdrit van 20 kilometer, waarin Lance Armstrong iedereen declasseerde. Alleen zijn ploeggenoot David Zabriskie reed die dag nog harder. Toen had je in de eerste week ook nog een ploegentijdrit, meer variatie dus dan nu.

Het enige wat je vandaag in de finale tegenkomt, zijn die champagne-chateaus. Dan reed je door die mooie, brede lanen met bomen en kastelen en zag je die bekende champagnehuizen, gouden letters, heel luxe allemaal. Ik had daar altijd wel oog voor. Finishplaats Reims is natuurlijk ook bekend van Cees Priem, die er in 1998 na de Tour een tijdje huisarrest had in een hotel vanwege een dopingaffaire. Ik verwacht in deze etappe geen grote dingen dit jaar. Geen lastige streek, hooguit een beetje glooiend of wat wind. Als je hier de rit wint, heb je 's avonds goede champagne.

TOURHISTORIE • Ritwinnaars in Reims

1938 Fabien Galateau (Frankrijk)
1949 Marcel Dussault (Frankrijk)
1951 Giovanni Rossi (Italië)
1973 Cyrille Guimard (Frankrijk)
1985 Francis Castaing (Frankrijk)
1988 Valerio Tebaldi (Italië)
1991 Djamolidin Abdoesjaparov (Sovjet-Unie)
2002 Robbie McEwen (Australië)
2010 Alessandro Petacchi (Italië)

VIVE LA FRANCE • Champagne

Op 7 mei 1945 tekent de Duitse kolonel-generaal Jodl in het hoofdkwartier van generaal Eisenhower in Reims de capitulatie van nazi-Duitsland. Nadat de Duitsers de 'war room' hadden verlaten, werd de champagne opengetrokken. Reims geldt als hoofdstad van de champagne, de mousserende wijn, waarvan de wijnranken ten zuiden van de stad worden verbouwd. Voor champagne zijn zes druivenrassen toegestaan, de chardonnay, pinot noir, pinot meunier, pinot blanc, arbane en petit meslier. Meestal kiest men bij de productie voor een mengsel van blauwe en witte druiven. Gebruikt men uitsluitend witte druiven, dan wordt de champagne 'blanc de blancs' genoemd; bij uitsluitend blauwe druiven spreekt men van 'blanc de noirs'. Door een mengsel van rietsuiker, belegen wijn en gist ontstaat gisting op de fles. Het koolzuur dat hierbij ontstaat, zorgt voor een bruisende wijn. Behalve de beroemde champagnehuizen heeft Reims drie bezienswaardigheden op de Werelderfgoedlijst van UNESCO: de basiliek van Saint-Remi, het Paleis van Tau en de Romeinse triomfboog Porte de Mars. Geen toeval dat Reims een Italiaanse partnerstad heeft: Florence!

45

ETAPPE 7 • Vrijdag 11 juli

Start Épernay
Aankomst Nancy
Afstand 233 kilometer
Streek Marne, Lotharingen
Bijzonder Rini Wagtman (1971) en Joop
   Zoetemelk (1973) wonnen een Tourrit in
   Nancy, de Italiaanse campionissimo
   Fausto Coppi zelfs twee (1949 en 1952).

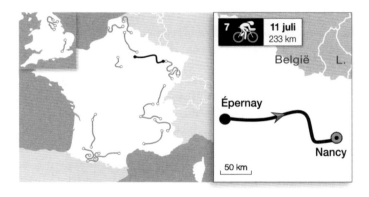

 BOOGERDS BLIK

Nog een dag voor de eerste bergrit in de Vogezen. Daar kijkt iedereen zo langzamerhand wel naar uit. Maar eerst nog een lange rit vandaag, 233 kilometer maar liefst. En de finish in Nancy is niet makkelijk. Ik ben er zelf in 2005 gefinisht, toen pleurden ze allemaal in de laatste bocht. De hele dag volle bak regen, in het begin was het oorlog met waaierrijden. Vreselijk, er werd zo hard gereden! Dan valt het halverwege stil en heeft de tv-kijker niet in de gaten dat het de hele dag koers is geweest. In de finale zit een klimmetje, op zich niet heel lastig. Dan een afdaling recht naar beneden, bocht naar rechts en aankomst.

Er zal in de finale weer volop gewrongen worden door de klassementsrenners. Als er een klimmetje in zit, is er meer kans op gaten. Dus daar wil iedereen van voren rijden. En als het dan ook nog regent, krijg je bijna altijd valpartijen, zeker met bochten in de finale. Zoals in 2005. Koploper Christophe Mengin viel daar toen in de laatste bocht, en even later de voorste renners van het peloton ook. Alleen Aleksandr Vinokoerov was door, en van achteruit kwam Lorenzo Bernucci nog, die won. Maar Vino pakte wel wat seconden terug op Armstrong.

VIVE LA FRANCE • Art nouveau

Nancy, waar de Nederlandse wielerhelden Rini Wagtmans (1971) en Joop Zoetemelk (1973) als eersten over de finish kwamen, staat bekend om zijn prachtige pleinen, Place Stanislas, Place Saint-Epvre, Place de la Carrière, en een bijzonder geometrisch boomrijk aangelegd park, Parc de la Pépinière. Vanuit Nancy startte rond 1900 ook in Frankrijk de beweging van de art nouveau of jugendstil, een internationale kunststroming (1880-1914) die schilderkunst, architectuur en diverse toegepaste kunsten wilde vernieuwen. In Nederland was de schilder Jan Toorop een van de voormannen van de jugendstil, en wie kent niet de bouwwerken van Gaudí in Barcelona. In Nancy waren onder meer een aantal vooraanstaande glaskunstateliers, zoals die van Émile Gallé.

TOURHISTORIE • Ritwinnaars in Nancy

1905 Louis Trousselier (Frankrijk)
1906 René Pottier (Frankrijk)
1949 Fausto Coppi (Italië)

1952 Fausto Coppi (Italië)
1954 Louison Bobet (Frankrijk)
1969 Rik Van Looy (België)
1971 Rini Wagtmans (Nederland)
1973 Joop Zoetemelk (Nederland)
1976 Aldo Parecchini (Italië)
1978 Bernard Hinault (Frankrijk)
1982 Phil Anderson (Australië)
1985 Ludwig Wijnants (België)
1988 Rolf Gölz (West-Duitsland)
2005 Lorenzo Bernucci (Italië)

TOURHISTORIE • Fausto Coppi

Zeges

Won de Tour de France in 1949 en 1952. Won de Giro d'Italia in 1940, 1947, 1949, 1952 en 1953. Hij was de eerste die in hetzelfde jaar zowel de Giro d'Italia als de Tour op zijn naam schreef. Hij won de klassiekers Milaan-San Remo in 1946, 1948 en 1949, de Ronde van Lombardije in 1946, 1947, 1948, 1949 en 1954 en werd wereldkampioen in 1953.

Het leven en de carrière van Fausto Coppi (1919-1960) zijn op veel manieren vervlochten met de geschiedenis van Italië en Europa. In Coppi's geboortejaar richtten de fascisten hun partij op in Milaan, en vijf jaar later nam Mussolini de macht in Italië over. In 1940, het jaar waarin Coppi beroepsrenner werd, verklaarde Mussolini op 10 juni de oorlog aan Frankrijk en Engeland. Een dag eerder had Fausto Coppi voor de eerste keer de Giro d'Italia gewonnen. In plaats van zich als wielrenner in een profavontuur te storten, moest hij in militaire dienst en raakte hij, vlak voor de capitulatie van Duitsland en Italië in 1945, in Algerije in krijgsgevangenschap. Tijdens zijn verblijf in de gevangenis liep hij malaria op, maar hij werd behandeld en genas. Aan het eind van zijn carrière, in de herfst van 1959, reisde hij weer naar Afrika, naar Burkina Faso om een demonstratierit te rijden samen met een paar Franse fietsvrienden. Vlak na zijn thuiskomst in Milaan werd hij ziek, maar de Italiaanse artsen stelden een verkeerde diagnose. Op 2 januari 1960 overleed Fausto Coppi aan de gevolgen van zijn tweede malaria-infectie. Er kwamen 30.000 mensen naar zijn begrafenis, onder wie veel wielrenners als Gino Bartali, Jacques Anquetil, Louison Bobet en Ferdinand Kübler.

Na de Tweede Wereldoorlog was Fausto Coppi de renner die de bloeitijd van het wielrennen inluidde. Een verwoest en verward Italië moest zich na de oorlog heroriënteren en een nieuwe weg zien te vinden. Coppi werd een volksheld en een nationaal symbool voor het moderne, rationele en functionele denken – door zijn natuurtalent voor fietsen, maar ook omdat hij een vernieuwer was op het gebied van trainingsmethoden: techniek, tactiek, voeding en uithoudingsvermogen. De belangrijkste man in het leven van Fausto Coppi was misschien wel zijn trainer Biagio Cavanna, die het talent van de jonge renner onderkende en bij wie Coppi zich ontwikkelde tot een topwielrenner. Cavanna's trainingsprogramma was genadeloos, maar na een paar jaar wist hij een profcontract voor de jonge wielrenner te regelen. Coppi's elegante en lenige stijl van fietsen was Cavanna's werk, evenals zijn enorme kracht, zijn vermogen om met hoge snelheid door te blijven rijden, tijdens ontsnappingen af te zien en pijn te verdragen. Dat laatste werd Coppi's handelsmerk: zijn lange solo-ontsnappingen waarbij hij alleen op de finish af ging, vaak minuten voor het peloton uit. In het voorjaar van 1946 won Coppi een historische Milaan-San Remo na een vroege, maar perfect getimede ontsnapping. Hij fietste 140 kilometer in zijn eentje en bereikte San Remo met een kwartier voorsprong op nummer twee; een van de meest fenomenale prestatie in de wielerwereld. Een ander terugkerend thema in Coppi's gouden wielercarrière zijn zijn solo-ontsnappingen in de Alpen.

Die individuele ontsnappingen, in gevecht met zichzelf, met de hellingen en het wispelturige weer, leverden ongekende heldenverhalen op. In 1949 maakte hij zich onsterfelijk door in een seizoen zowel de Giro d'Italia als de Tour de France te winnen, een huzarenstukje dat maar weinig renners wisten te evenaren.

ETAPPE 8 • Zaterdag 12 juli

Start Tomblaine
Aankomst Gérardmer
Afstand 161 kilometer
Streek Vogezen
Bijzonder Eerste rit in de Vogezen, waar
Pieter Weening in 2005 de laatste
Nederlandse ritwinnaar was in de Tour.

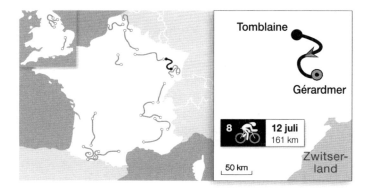

BOOGERDS BLIK

Eindelijk de eerste bergen, hoewel het niet meteen hooggebergte is vandaag. Het venijn van deze rit zit in de staart, met
drie klimmen kort achter elkaar. Eerst heb je Col de la Croix
des Moinats (885 meter hoog, 7,6 kilometer klimmen aan 6
procent), dan de Col de la Grosse Pierre (901 meter, 3 kilometer, 7,5 procent) en dan naar de finish in Gérardmer nog de
klim van Col de la Mauselaine (859 meter, 1,8 kilometer, 10,3
procent). Een lastige aankomst. De grote mannen gaan het elkaar hier nog niet echt moeilijk maken, maar er zal een select
groepje aankomen.

Eigenlijk zijn de Vogezen altijd een slijtageslag. Alle keren dat ik er in de Tour heb gereden, was het superzwaar en heb ik er afgezien als een beer. Zoals in 1997, toen Jan Ullrich aan het einde van de Tour zowat uit het geel werd gereden door een aanval van de Festina's van Richard Virenque. Ik zat mee, Virenque bood me geld om mee te werken. Ik wilde wel, stond zelf ook goed in het klassement. Maar ik kon echt niet. Ze dachten dat ik de boel zat te flikken, maar ik zag eruit als de dood van pierlala. Later moest ik eraf op de Col de Platzerwasel en werd ik ingelopen door de groep van Ullrich. Moest ik voor hem aan de bak. Maar ik had me niet voor de kat z'n viool laten lossen voorin. Ik kon echt niets meer. Zo werd er heel de dag gereden. En iedereen was na afloop verrot. Typisch de Vogezen.

In 2001 was het ook zo zwaar, toen won Laurent Jalabert in Colmar. Klasserenner. In 2005 hadden we met Rabo een superweekend in de Vogezen met dubbele ritwinst voor Pieter Weening en Michael Rasmussen. In 2009 had je ook zo'n typische Vogezenrit, toen de Duitse Australiër Heinrich Haussler won. Beestenweer, heel de dag regen, het lag helemaal uit elkaar. Het zijn in de Vogezen ook nooit mooie brede wegen. Allemaal smalle en elkaar snel opvolgende klimmetjes. Je kunt daar een parcours maken naar hartenlust. Loodzwaar allemaal.

Veel renners hebben angst voor de Vogezen. Al in het begin ligt het tempo er vaak hoog. In een echte bergrit, in de Alpen of Pyreneeën, zie je dat veel renners al bij voorbaat passen. Maar hier zijn er veel die denken dat ze een kans hebben. Die denken tot lang in de koers: als ik erbij blijf, kan ik misschien nog ergens wegrijden voor de ritzege. Vooral de semiklimmers zijn erop gebrand. Voor de niet-klimmers kan het heel zwaar worden, zeker met slecht weer.

DEMARRAGE • It giet oan!

In de Tour van 2005 hadden we in de Vogezen ongeveer zo'n rit als vandaag. Alleen was de finish in Gérardmer toen bergaf, nu bergop. We startten die dag in Pforzheim bij Karlsruhe, eerst wat uitlopers van de Vogezen. Oorlog vanuit het vertrek. Ik reed nog weg, samen met George Hincapie en onze Deen, Rasmussen. Ze reden het helemaal uit elkaar, met een paar jongens op grote achterstand. Toen kwam er een heel lang stuk van tachtig kilometer vlak en viel het volledig stil. Karsten Kroon of Erik Dekker riep naar Pieter Weening: 'Gaan!' Hij ging, kreeg een paar goede renners mee en was vertrokken.

Op de Col de la Schlucht, de laatste klim voor de finish, reed Pieter alleen weg. Schitterend natuurlijk. Ik sliep die Tour met hem op een kamer. Iedere ochtend als we wakker werden, sprak ik de legendarische woorden: 'It giet oan.' Niks aan te doen als je met een Fries op de kamer ligt. Zodra Pieter zijn linkerooglid optilde, wist hij al wat er kwam. 'It giet oan!' Mijn ex-vrouw kwam toen voor het eerst met een camper naar de Tour, met mijn zoontje Mikai van net een jaar. Ik had de avond voor die rit naar Gérardmer nog tegen haar gezegd dat ze groot 'It giet oan' op de weg moest schilderen. En laat Weening daar nou de volgende dag alleen langskomen. Echt supergaaf. Alsof het zo moest zijn.

Ik was die dag best wel goed, was als enige Raborenner over in de groep van veertig man achter Weening en de Duitser Andreas Klöden, die naar hem toe was gereden. 'Weening voorop,' hoorde ik in mijn oortje. Toen ben ik als een dolle naar voren gereden om iets onconventioneels te doen, iets wat eigenlijk niet mocht: ik ben gaan afstoppen. (Een beetje zoals de Belkins deden toen Jetse Bol vorig jaar voorop reed in de finale van Parijs-Tours.) Dit tot ergernis van anderen. Ik weet nog dat de Amerikaan Bobby Julich heel boos op me was.

Ik deed iets wat ik zelf ook niet leuk had gevonden. Maar Pieter moest gewoon voorop blijven, alles was geoorloofd. Armstrong reed daar ook, die heeft er nooit veel van gezegd.

Hij begreep het wel. En Ullrich had Klöden van voren. Anderen mochten dan boos op me zijn, ik was blij dat ik het had gedaan. Want ik weet wel zeker dat Pieter mede dankzij mijn hulp heeft gewonnen. Ze hadden op de streep nog een paar seconden over, hij klopte Klöden met een paar millimeter in de sprint. Hoe blij ik was, kon je zien aan de streep. Ik vrat Pieter zowat op! Ik weet hoe het voor een jonge renner is om een Tourrit te winnen. 's Avonds hadden we een feestje in het hotel. De hele familie van Weening was er, honderd man. Lachen.

Tja, dit is nog altijd de laatste Nederlandse ritzege in de Tour. Tijd dat daar verandering in komt.

TOURHISTORIE • Millimeter

'De mooiste dag uit m'n carrière! En zo goed begon het allemaal niet. Op de eerste bergjes heb ik maar afgewacht, want ik was bepaald niet super. Daarna spring ik mee op het vlakke en we pakken zes minuten. Geleidelijk kom ik in m'n ritme. Ik voel me steeds beter worden, ik weet: aan het eind van de rit komt er nog een behoorlijke klim. Ik raak enorm gemotiveerd om voorop te blijven. Aan de voet hebben we nog maar twee minuten op het peloton. Dan weet je: ik moet gelijk vlammen, volle bak tot boven! In de klim merk ik dat ik superbenen heb. Ik krijg makkelijk de grote plaat rond. Dan loopt het wel. Toch wordt er achter me serieus gereden door de grote mannen.

De tijdwaarnemer komt voorbij: nog 33 seconden. Net voor de top komt ineens Andreas Klöden voorbij. Effe bijten en ik pak zijn wiel. Als ik geweten had dat hij eraan kwam, had ik er eerder nog een sprintje uitgeperst en had ik zeker de bergpunten gepakt. Helaas. De rest zal ook wel terugkomen, denk ik dan. Nog zes seconden voorsprong. Klöden en ik gaan toch door. Niemand wil het gat blijkbaar dichtrijden en we lopen weer uit naar dertig seconden! Ik voel me niet zo goed meer, ben absoluut niet zeker van de zege. Gelukkig is Klöden ook niet zo sterk meer en kan ik op het laatst de ideale positie kiezen: in zijn wiel. Ik had de sprint eerder willen aangaan, maar ik kon niet. Pas op het allerlaatst ga ik, duw mijn stuur vooruit en win! Met een paar millimeter! Versla ik nog een Duitser! Onvoorstelbaar, de wonderen zijn de wereld nog niet uit.

Na de koers weet ik niet wat er allemaal met me gebeurt. Michael (Boogerd) valt om m'n nek. Dan de huldiging. Lance Armstrong feliciteert me in het voorbijgaan. Dopingcontrole, radio, televisie, interviews. Dat gaat zo door tot elf uur 's avonds. Die dingen gebeuren blijkbaar, je moet eraan meewerken. Het is goede publiciteit voor de ploeg. Maar het leukste vind ik dat mijn ouders er ook zijn. En m'n broer met m'n fancluppie van een man of acht uit Harkema. Boogerd zegt ook: "Dit gaat je leven veranderen." Ach, ik zie wel.'

(Uit: *Sport International,* dagboek Pieter Weening, over zijn ritzege in 2005 in Gérardmer)

TOURHISTORIE •
Als eerste boven op de Grosse Pierre (923 meter)

1913 Lucien Petit-Breton (Frankrijk)
1914 Jean Alavoine (Frankrijk)
1952 José Perez (Spanje)
1969 Rudi Altig (West-Duitsland)
1979 Bernard Vallet (Frankrijk)
2005 Michael Rasmussen (Denemarken)

ETAPPE 9 • Zondag 13 juli

Start Gérardmer
Aankomst Mulhouse
Afstand 166 kilometer
Streek Vogezen
Bijzonder In het centrum van Mulhouse staat
een oude textielfabriek waarin een
unieke collectie klassieke auto's wordt
tentoongesteld: de Collection Schlumpf.

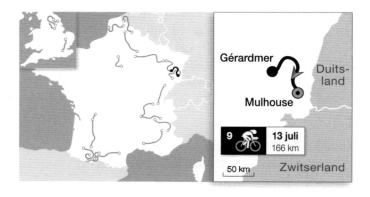

 BOOGERDS BLIK

Hier zie je maar weer dat je in de Vogezen alle kanten op kunt. In 2005 reden we ook van Gérardmer naar Mulhouse. Dat was een echte bergrit over de Grosse Pierre, die ze gisteren hadden, de Col de Bramont, de Grand Ballon, de Bussang en de Ballon d'Alsace. Vooral de laatste is bekend, dat was in 1905 de allereerste berg in de Tour. Maar in de rit van vandaag zit geen van deze klimmen. Het zal veel op en af zijn, met de Col de la Schlucht vanuit het vertrek en verder de enige echte klim op ongeveer dertig kilometer van de aankomst in Mulhouse: de Markstein.

Ik heb daar wel gereden, de Markstein is een lang eind. Niet supersteil, maar wel lastige stukken. Dit kan een rit voor vluchters zijn, maar ik denk eerder aan een Sagan-ritje. Hij gaat voor de groene trui en kan vandaag de andere sprinters elimineren en een hoop punten pakken. Zoals hij dat vorig jaar ook zo magistraal deed in de rit naar Albi, toen hij zijn ploeg op kop zette op de Col de la Croix-de-Mounis, op veertig kilometer van de aankomst. Hij loste de andere sprinters en won de rit.

De Markstein is lastig genoeg om het weer te proberen. Als Cannondale van onderaf begint en het spel echt op de wagen gooit, rijden ze de sprinters minimaal op drie minuten. Sagan kan dat overleven, hij is vrij zwaargebouwd maar een goede klimmer. Twee jaar geleden reed hij nog voorin in de zware Pyreneeënrit naar Foix, die Luis Léon Sánchez won.

Ik zie Sagan vandaag de rit winnen en een belangrijke slag slaan voor het groen. Dit is echt zo'n rit die vroeger Óscar Freire kon winnen, of Erik Zabel. Allrounders met een snelle sprint. Vorig jaar had je Daryl Impey en Simon Gerrans van Orica-GreenEdge. Maar Sagan sla ik nog een treetje hoger dan die twee.

DEMARRAGE • De Deen

In 2005 hadden we met Rabo een superweekend in de Vogezen. 's Zaterdags won Pieter Weening in Gérardmer, de dag daarna was het weer prijs. We hadden toen meteen vanuit het vertrek een paar colletjes van de derde categorie. Ik reed weer goed, maar onze Deen Rasmussen reed in het begin direct weg. Moest ik weer in het defensief. En ik kreeg nog een klein akkefietje met Armstrong.

Rasmussen had een dag eerder vanuit het vertrek twee keer de bergpunten gepakt. Zijn idee was om dat weer te doen. Hij wilde de bollentrui. 'We krijgen vier colletjes, als ik weg kan rijden probeer ik dat te pakken en laat ik me weer terugzakken.' Maar in een afdaling viel Jan Ullrich, of hij reed lek, dat weet ik niet meer. Armstrong gooide het meteen stil. Ik vertelde hem wat het idee was van Rasmussen: 'Alleen punten pakken.'

Dus Lance liet hem begaan. Maar het viel zo erg stil in onze groep, dat Rasmussen vooraan dacht: ik rijd lekker door. We hebben hem de hele dag niet meer teruggezien. Dus op de laatste klim, de Ballon d'Alsace, kwam Armstrong even naast me rijden. 'Hey Boogie, ik dacht dat Rasmussen alleen voor de punten zou rijden.' Typisch Lance. Toch even verhaal halen. Dat had ik weer. Maar Rasmussen won wel.

TOURHISTORIE • Ritwinnaars in Mulhouse

1925 Nicolas Frantz (Luxemburg)
1926 Jules Buysse (België)
1948 Edward Van Dijck (België)
1952 Raphaël Géminiani (Frankrijk)
1969 Joachim Agostinho (Portugal)
1970 Mogens Frey (Denemarken)
1971 Ploeg Molteni / Albert Van Vlierberghe (België)
1973 Walter Godefroot (België)
1976 Freddy Maertens (België)
1981 Bernard Hinault (Frankrijk)
1992 Laurent Fignon (Frankrijk)
2000 Lance Armstrong (vs)
2005 Michael Rasmussen (Denemarken)

VIVE LA FRANCE • Volgwagens

Mulhouse is geen bijzonder mooie stad, maar in het centrum staat een oude textielfabriek waarin een unieke collectie klassieke auto's wordt tentoongesteld: Collection Schlumpf. De

Cité de l'Automobile is als nationaal museum een topattractie van de streek. De gebroeders Fritz en Hans Schlumpf waren textielbaronnen en daarnaast fanatieke verzamelaars van klassieke automobielen. Pro-Hitler, maar na de Tweede Wereldoorlog werd van vervolging van de broers afgezien vanwege het belang van de werkgelegenheid voor de streek. Het waren harde werkgevers. Praten onder werktijd was verboden en toen pauze wettelijk verplicht werd, verlengden de broers Schlumpf gewoon de werkdag van hun arbeiders. Intussen bleven ze zichzelf blauw kopen aan dure auto's, in het geheim gestald in lege fabrieksruimtes. In de jaren zeventig ging de textielhandel failliet. Duizenden arbeiders werden plotseling werkloos. Ze kwamen achter de geldverslindende hobby van hun bazen. Protesten volgden, auto's vlogen in de fik. De broers moesten vluchten naar Zwitserland. Hun indrukwekkende collectie automobielen lieten ze noodgedwongen achter: alleen al 150 Bugatti's en daarnaast wat exclusieve Mercedessen, Ferrari's en Maserati's. Liefst 437 auto's in totaal. In het museum blijft de herinnering aan de inmiddels overleden broers levend. Bij de Grand Départ van 1971 werden in Mulhouse de mooiste volgauto's uit de Tourhistorie tentoongesteld.

ETAPPE 10 • Maandag 14 juli

Start Mulhouse
Aankomst La Planche des Belles Filles
Afstand 161 kilometer
Streek Vogezen
Bijzonder Twee jaar geleden gaf de Sky-ploeg
 van kopman Bradley Wiggins rijles op de
 slotklim naar La Planche des Belles
 Filles, Chris Froome won de rit.

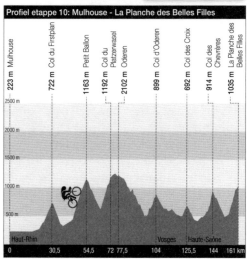

BOOGERDS BLIK

De rit naar La Planche des Belles Filles is de eerste waar de grote mannen elkaar echt zullen testen. Deze slotklim zat twee jaar geleden voor het eerst in de Tour. Steil ding. Zes kilometer klimmen, 8,5 procent gemiddeld. In 2012 was er een vrij vlakke aanloop naar La Planche des Belles Filles, vandaag zeker niet. Kort ritje, maar supergevaarlijk. Haast geen meter vlak.

Na dertig kilometer heb je al de Firstplan, 8,3 kilometer met 5,4 procent gemiddelde stijging. Dan de Petit Ballon (9,3 kilometer, 8,1 procent), de Platzerwasel (7,1 kilometer, 8,4 procent), de Col d'Oderen (6,7 kilometer, 6,1 procent), de Col des Chevrères (3,5 kilometer, 9,5 procent) en dan nog de slotklim. Vooral de Petit Ballon en Platzerwasel zijn lastige klimmen. Niet zo hoog, wel echt eerste categorie. Hier reed Virenque het in 1997 helemaal aan bonken.

Twee jaar geleden, zonder zo'n zware aanloop, werden er op La Planche des Belles Filles al behoorlijke verschillen gemaakt. Toen gaf Sky even flink gas, met Rogers, Porte, Froome en Wiggins. Froome won, voor Cadel Evans. Valverde werd gelost, Van den Broeck had pech en verloor cruciale tijd, Gesink en Mollema werden ver weg gereden. Daar wist je al hoe de rest van de Tour eruit ging zien.

Ik denk dat het nu weer zo gaat. De eerste de beste mogelijkheid zullen de klimmers gelijk aangrijpen om het te laten zien. Boem, dit is het, ik rij weg. Dat is een beetje de tendens, eigenlijk net als in het Armstrong-tijdperk. Vorig jaar deed Froome het net zo, in de eerste rit in de Pyreneeën naar Ax-3 Domaines. Hij pakte het geel met meer dan een minuut op de eerste achtervolgers, en de Tour zat op slot. La Planche des Belles Filles is een wat kortere klim, dus er zullen misschien iets meer kanshebbers overblijven. Maar de favorieten voor het podium moeten hier met de billen bloot. Zeker na een hectische eerste week. Na vandaag weet je hoe het zit.

WIELERTAAL • Mongolenwaaier

Ik weet dat het een oneerbiedig woord is, 'mongolenwaaier'. Commentator Maarten Ducrot heeft er weleens ruzie om gekregen toen hij het op televisie zei. Sommige mensen vonden het niet gepast. Ik begrijp dat wel, maar dit is nou eenmaal een van de meest gebruikte woorden in het peloton. De slechte groep, waar niemand in wil raken; meer betekent het niet. Je kunt nog in de tweede waaier zitten, maar in de mongolenwaaier zit je echt niet goed. De verkeerde waaier, kun je ook zeggen.

VIVE LA FRANCE • Grand Cru

Opnieuw een rit door de Elzas, de streek die bekendstaat om de vakwerkhuizen en de wijn. De wijnen hier zijn voornamelijk wit, en de druiven riesling, pinot blanc en pinot gris worden ook over de grens in Duitsland veel gebruikt. Wie vanuit Mulhouse – startplaats van vandaag – naar het noorden rijdt richting Colmar, passeert volgens de website velovino.nl al snel liefst veertien Grand Cru-dorpen in de Elzas. Wie meer tijd heeft, volgt de Route des Vins d'Alsace. Dit is een toeristische route van maar liefst 170 kilometer in het oosten van de Vogezen, van Marlenheim naar Than, langs de belangrijkste wijndorpen en -steden van de streek.

RUSTDAG • Dinsdag 15 juli

 DEMARRAGE • Hotels

De hotels in Frankrijk zijn vaak een drama. Voor de meeste mensen lijkt een Novotel of Mercure wel oké, maar voor ons was het een nachtmerrie. Dat zijn van die ketenhotels waar we vaak met zes of zeven ploegen tegelijk in zaten. In mijn tijd had je als ploeg nog geen eigen koks mee in de Tour. Dan was het eten superslecht. Grote schalen waarin de pasta in een laag water lag. Het was gewoon vermicelli. Een grote bak worteltjes, tomaat, komkommer, mais en wat blaadjes groen. Daar zat iedereen uit te scheppen. Soms een blokje ham erdoorheen. Wat een verwennerij. En dan een kipfilet, steak of vis. Elke dag weer. Nee, voor het eten was je niet in de Tour. Terwijl Frankrijk juist bekendstaat om het lekkere eten. Maar die keuken hadden wij helaas nooit. Hooguit een enkele keer, als je geluk had en als enige ploeg in een chateau sliep, dan was het eten beter. En tegenwoordig hebben ploegen hun eigen koks mee. Dat is een enorme verbetering.

We waren altijd heel blij als we met de Tour Frankrijk uit gingen. Het leek net of ze in Spanje, Nederland, België, Italië, Duitsland en Zwitserland meer vereerd waren als de Tour er kwam. Dan deden ze in de hotels ook extra hun best. Zeker in Nederland en Duitsland. Wat een verschil met de Franse standaard!

Het ergst waren die skioorden in de Alpen. Club Med had altijd nog goed eten, maar voor de rest hield het niet over. En meestal sliep je in van die kleine stapelbedjes. Drama. Koud daarboven, vies. Kleine wc, geen goede douche. Het geluk was dat er in die fase van de Tour vaak al een paar naar huis waren. Dan kon je op een eigen kamer slapen. Maar soms moest er een in een stapelbed. En bij Novotel had je vaak een tweepersoonsbed en daarnaast een klein bedje. Dan was het altijd wie het eerst komt, wie het eerst maalt.

Je had in Frankrijk natuurlijk ook het fenomeen Campanile. Dan lag je met z'n tweeën op de kamer en moest je van tevoren duidelijke afspraken maken. 'Ik ga nu even douchen, dan doe jij je koffer open.' Dan moest jij jouw koffer dichtdoen en rechtop zetten. Want twee koffers tegelijk open paste niet in zo'n hok. Al hadden we het later wel zo uitgevogeld dat we de tv op het bureautje helemaal naar de hoek schoven. Dan kon je daar ook je koffer neerleggen, en openzetten tegen het raam.

En in mijn eerste Tour in 1996 kregen we Co Adriaanse op bezoek in een Campanile, hij was toen trainer bij Ajax. Schoot er ineens een enorme rat door de eetzaal. Nou, dan ben je ook klaar. Weinig kans dat Ajax daar ooit ging slapen. In zo'n 'Campaniel' had je meestal ook geen airco. Tot in mijn laatste jaar, 2007, maakte ik steeds dezelfde fout. Het was altijd al bloedheet in de Tour, moest je 's nachts pissen en deed ik het licht aan in de wc. Dan trok je aan zo'n koordje en begon er gelijk zo'n verwarming in de badkamer te gloeien. Ik trapte er iedere keer weer in. Trok ik weer aan dat koordje, hoorde ik het al. Tik-tik-tik. Kachel aan. Shit, werd het nog warmer in dat hok.

Ik weet nog dat we in 1998 in een hotel zaten in een dorpje bij Pamiers, op de dag dat Cees Priem door de Franse politie werd opgepakt. (Mart Smeets zei toen nog dat ze ook bij Rabobank zouden invallen. Dat werd paniek, al hebben wij nooit iemand gezien. Fijne primeur van Mart.) Maar dat hotel kon echt niet. We zaten naast een station, midden in de Pyreneeën. Dat was echt een varkensstal. En heet! Er waren renners die hun matras op de gang legden. In de kamers was het niet uit te houden.

Sommige renners hadden zo'n lage weerstand, die konden niet tegen airco's. Zo sliep ik in 2002 met Levi Leipheimer in een kamer. Dat werd echt een psychologisch spelletje. Het was zo'n Novotel, buiten was het 35 graden. Maar de kamer was juist lekker koel, vond ik. Ik plof op bed, zet hij meteen de airco uit en doet het raam open. Was het ineens weer bloedheet. Tot hij naar de masseur ging en ik natuurlijk het raam dichtdoe en de airco aan gooi. Hij komt terug, ik naar de masseur. Stond het raam weer open en de airco aan. Dat ging een avondje zo door. Tot ik dacht: achterlijke Amerikaan, zoek het maar lekker uit. Ben ik op een andere kamer gaan liggen. En daarna ging ik nog beter rijden ook.

We hebben ook weleens goede hotels gehad, hoor. Dan was je zo blij. Zoals in de Tour van 2004. Ik was een paar keer gevallen, zo naar de klote, echt kapot. We hadden die dag een waaierrit gehad naar Nîmes. Verschrikkelijk. Kwamen we 's avonds aan bij het hotel en yes! Zo'n Frans chateau, helemaal buiten, met van die mooie, grote kamers. Heerlijk! Ik lag met Brammetje de Groot op de kamer. 's Avonds een halfuurtje langer aan tafel met het personeel, wijntje erbij. De volgende dag konden we toch uitslapen, en dan lekker een stukje fietsen. Net wat ik nodig had, dacht ik.

Schoot ik om halfzeven 's ochtends plotseling wakker. Een herrie, een gedoe. Wat is dit, dacht ik. Ik schoof mijn gordijn open, keek ik midden in het gezicht van Raymond Kerckhoffs, journalist van *De Telegraaf*. Er stonden allemaal tafels met een ontbijtbuffet voor de pers en genodigden. Had Rabobank geregeld. Hiervandaan zou iedereen met helikopters worden overgevlogen naar Alpe d'Huez om daar te gaan fietsen. Leuk, jongens. Om kwart over zeven kwam de eerste helikopter. Ik was zo kwaad op onze pr-man. Hoe konden ze het nou zo regelen dat die heli uitgerekend hier moest landen? Eindelijk een mooi hotel, even geen stress. Wordt Boogie om halfzeven wakker omdat er zo nodig wat relaties van de Rabobank naar de Alpe d'Huez moesten vliegen.

We hebben nog eens een all-inclusivehotel gehad bij Nîmes in de buurt. Ik snap niet dat mensen daar hun vakantie doorbrengen. Zo slecht, vies en goor! Kwamen we in de eetzaal, allemaal van die Engelsen met tattoos en zo. Zuipen. Moesten we achter die gasten in de rij gaan staan voor het eten. Stel je voor. Zit je als renner in de Tour de France, de belangrijkste wedstrijd van het seizoen. Kom je in zo'n zootje terecht. En we zaten daar ook nog eens twee dagen, want het was een rustdag. Ik weet nog dat Bram de Groot op die rustdag precies honderd meter heeft los gefietst. Hij reed het terrein van dat hotel af, met allemaal kiezels en grind. 'Flikker maar een eind op ook,' waren zijn woorden. En hij keerde gelijk om. Dat soort dingen maakte je mee.

FACTS & FIGURES •
We gaan naar de Tour en nemen mee...

De indrukwekkende logistiek rond de wielerploegen die aan de Tour de France deelnemen is vaak van doorslaggevende betekenis voor het resultaat van het team en de afzonderlijke renners. De renners moeten zich optimaal kunnen concentreren, dus alle praktische zaken moeten tot in de puntjes geregeld zijn: kleren, bagage, het reizen naar en van de plaats van bestemming, de maaltijden, de bevoorrading langs het parcours, preventie en behandeling door medisch personeel en niet in de laatste plaats alle technische zaken die met fietsen en materiaal te maken hebben.

De Amaury Sport Organisation (ASO), die de Tour de France organiseert, is verantwoordelijk voor de overnachtingen. De beschikbare hotels zijn van wisselende kwaliteit. Vier- en vijfsterrenhotels zijn een utopie, behalve in Parijs. Het komt regelmatig voor dat de renners overnachten in een hotel zonder airconditioning; een bezoeking als het overdag bijna veertig graden is. Bovendien ligt de overnachtingsplaats soms een heel eind van de volgende startplaats. Dat is met name vervelend in Pyreneeën, waar bustochten van meer dan een uur naar de volgende startplaats geen uitzondering zijn. Dat lijkt geen al te zware belasting, maar bedenk wel dat de renners zo'n tweehonderd kilometer lang een extreme inspanning moeten leveren. Elke etappe eindigt rond 17.30 uur. Dan moeten de renners uitrijden, zich omkleden en misschien met de bus nog een uurtje naar de volgende overnachtingsplaats. Normaal gesproken zijn de renners tussen 18.30 en 19.00 uur in het hotel, maar het kan ook wel veel later zijn. Iedereen moet gemasseerd worden, eventuele blessures moeten verholpen worden en er moet warm gegeten worden. Dan meteen naar bed om de noodzakelijke uren slaap te pakken. De organisatie verdeelt de ploegen over de beschikbare hotels en zorgt ervoor dat alle ploegen gemiddeld genomen volgens dezelfde standaard overnachten. Hierbij geldt het motto: gelijke monniken, gelijke kappen. Tussen de grote en de kleine ploegen wordt geen onderscheid gemaakt.

Normaal gesproken reist er drieënhalf keer zo veel personeel mee als er renners zijn, wat inhoudt dat er voor een ploeg van negen renners meer dan dertig man aan ondersteunend personeel is, met globaal gezien de volgende taken:

- ploegleider (verantwoordelijk voor het functioneren van de ploeg en het behalen van resultaten);
- 2 of 3 assistent-ploegleiders;
- 1 arts;
- 5 fysiotherapeuten of andere specialisten zoals manueel therapeut, masseur, homeopaat, osteopaat enz. Bovendien zijn deze mensen vaak als soigneur verantwoordelijk voor het verstrekken van eten en drinken tijdens de rit op de aangegeven bevoorradingsplekken;
- 4 of 5 mecaniciens;
- 1 of 2 koks;
- 1 pr-medewerker of vertegenwoordiger van de sponsor;

- 1 communicatiemedewerker;
- 3 chauffeurs;
- 3 assistenten die voor verschillende praktische taken verantwoordelijk zijn.

Het precieze aantal mensen en de taakverdeling verschillen per ploeg. Iedere ploeg heeft een bus die de renners van het hotel naar de startplaats brengt en van de finish naar het hotel. Het Sky-team heeft de technisch meest geavanceerde bus, bijna een hotel op wielen. Veel nieuwe technische snufjes zijn afgekeken van de Formule 1. Gwilym Evans, de chef transport van Sky, heeft deze wonderbaarlijke bus ontwikkeld. Evans kan bogen op vijfentwintig jaar ervaring bij Honda en Benetton, met bussen die een veel hogere standaard hebben dan een gewone touringcar. Het uitgangspunt was een compleet gestripte Volvo 9700; alleen het 'karkas' bleef over. Vervolgens mochten allerlei bedrijven een bijdrage leveren aan de inrichting van deze bus, die na vier maanden met negenduizend intensieve manuren doet denken aan een futuristisch ruimtevaartuig. Van de buitenkant lijkt het een gewone teambus, maar elke stoel kan als bed dienstdoen en de renners kunnen al hun elektronische communicatieapparaten aansluiten en gebruiken.

Voor in de bus is een filmdoek gemonteerd met een projector ten behoeve van de tactische bespreking voor de start. In de presentatie worden alle bijzonderheden over het parcours vermeld. Steve Peters, de psychiater van Sky, heeft het lichtplan voor de bus ontworpen, en hij is ervan overtuigd dat het licht een stimulerende invloed heeft op het humeur van de renners. Uiteraard beschikt de bus over een douche en er is een complete massageruimte ingericht. De renners hoeven dus niet met die belangrijke dagelijkse bezigheid te wachten tot ze in het hotel zijn. Een deel van de bus is ook geschikt als vergaderruimte. De tenues van de renners gaan meteen in de wasmachine, die natuurlijk ook in de bus zit, evenals een droogtrommel en alles wat de ploeg verder nog nodig heeft.

Ongetwijfeld zijn we nog wat vergeten, maar je mag deze bus toch echt wel een huis op wielen noemen. De prijs van dit wereldwonder is onbekend, maar als we een gok moeten doen, zal het zeker om enkele miljoenen euro's gaan.

Daarnaast beschikken alle ploegen over een uitgebreid wagenpark en voor de mecaniciens een werkplaats op wielen. Wanneer de renners naar de start vertrekken, rijdt die laatste rechtstreeks naar het hotel bij de finish. Daar is overigens de avond tevoren al een auto heen gereden om te checken of alles in orde is en alles werkt.

De bagage, water en bidons, frisdrank, energiedrankjes en energierepen worden per vrachtauto of trailer vervoerd, net als zwachtels en verband en natuurlijk alles wat met de bevoorrading te maken heeft. Vaak rijdt deze wagen vervolgens terug naar de Europese basis om nieuwe voorraad in te slaan.

Negen personenauto's zijn normaal. De meeste beschikken over televisie en radiocontact met een satellietontvanger op het dak. In de auto's rijden onder andere de ploegleiders en het medisch personeel.

Voor elke renner zijn er drie gewone fietsen. De belangrijkste renners van de ploeg hebben ook nog een vierde. Daarnaast hebben ze een speciale fiets voor de tijdritten; voor de kopman(nen) zijn er zelfs twee. Het aantal wielen varieert van 135 tot 160 en er zijn circa vijftien dichte achterwielen. De werkplaats is beter uitgerust dan de beste fietsenwinkel en beschikt over alle mogelijke reserveonderdelen. AG2R begon aan de Tour met acht sets shirts en broeken per renner. Helmen, waaronder een speciale helm voor de tijdrit, behoren ook tot de standaarduitrusting.

Er is steeds meer aandacht voor de voeding. Veel ploegen nemen hun eigen koks mee, die in de hotelkeuken de scepter zwaaien. De voedingsdeskundige van de ploeg bereidt elke dag het menu voor en zorgt ervoor dat in de individuele wensen en behoeften wordt voorzien. De ploeg neemt tweehonderdvijftig voedseltassen of musettes mee, bijna drieduizend fruit- en energierepen en daarnaast nog driehonderd super-gels met geconcentreerde koolhydraten. Ook gaan er twee-duizend bidons mee.

Het is zelfs voorgekomen dat een ploeg zes massagetafels bij zich had, tweehonderd flessen massageolie en tweehon-derd flessen medicinale olie. De artsen en fysiotherapeuten beschikken over een volledig uitgeruste kliniek of in elk geval over een veldhospitaal. Als aan álle voorwaarden is voldaan om de renners optimaal te laten presteren, rest er nog maar een ding: naar de start. Een goede Tour gewenst!

ETAPPE 11 • Woensdag 16 juli

Start Besançon
Aankomst Oyonnax
Afstand 186 kilometer
Streek Franche-Comté, Rhône-Alpes
Bijzonder Voor het eerst eindigt een Tourrit in
 Oyonnax.

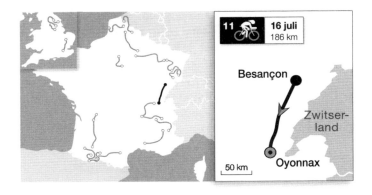

BOOGERDS BLIK

Normaal gesproken zou je zeggen: kans voor de sprinters. Het oogt niet lastig, al zal het in deze streek nooit helemaal vlak zijn. En dan nog kun je er halverwege de Tour, gelijk na een rustdag, niet alles van zeggen. Wie had vorig jaar voorspeld wat er zou gebeuren in die rit naar Albi, toen Cannondale het in gang trok voor Sagan? Of in de waaierrit naar Saint-Amand-Montrond, toen de Belkins het op de kant gooiden en Valverde verloor?

Het blijft een raar fenomeen dat de parcoursbouwers alle blaam of juist krediet krijgen voor een spannend verloop van de koers. Want het blijven altijd nog de renners die het spektakel maken. Neem die waaierrit van vorig jaar. Op papier gewoon saai, als het niet waait. Toen stond er wel wind, precies uit de juiste hoek. En dan rijden ze het helemaal aan bonken. Toeval, volgens mij. Goed geprofiteerd van de omstandigheden. Alleen Merijn Zeeman, de coach van Belkin, had al maanden van tevoren gezien dat het een waaierrit zou worden. Die had toen al zijn plan gemaakt. Knap.

Ik reageerde als renner vooraf nooit zo uitgesproken op de Tourparcoursen. Je kunt toch nooit precies voorspellen waar het gevaarlijk wordt. Het kan regenen, waaien, de koers kan anders lopen. Hoe kort of lang ze het ook maken. Kijk, mijn achterneef weet ook wel dat de Alpen en de Pyreneeën zwaar zijn. Geen renner is achterlijk. Richie Porte wist heus wel dat hij vorig jaar in die tweede Pyreneeënrit vooraan moest zitten. Maar je moet het ook altijd nog kunnen waarmaken. En ook in een rit als die van vandaag moet je toch weer de hele dag attent zijn.

 ## WIELERTAAL • Aan bonken rijden

Typisch Nederlandse uitdrukking: 'aan bonken rijden'. Het peloton uit elkaar rijden of het spel uit elkaar rijden. Wielrenners zelf zullen niet gauw zeggen dat ze het hele peloton uit elkaar reden. Dat wordt dan: 'We reden de hele boel aan bonken.' In die waaierrit in de afgelopen Tour de France naar Saint-Amand-Montrond, toen reed Belkin de boel aan bonken.

 ## DEMARRAGE • Slapie

Sommige renners slapen graag alleen, ik vond het wel fijn om bij iemand op de kamer te liggen. Maar met Levi Leipheimer was het een drama. Hij was echt een aparte. We sliepen bijvoorbeeld op de Mont Saint-Michel, in 2002. Hij kon niet slapen. Midden in de nacht, het was twee uur, hoorde ik naast me: 'Boogie, Boogie!' Ik schrok me rot. Meestal nam ik een slaappil als de dokters om tien uur hun ronde maakten langs de kamers, want in de Tour heb je vaak dat je niet kunt slapen en dat risico wilde ik niet nemen. Ik nam het zekere voor het onzekere en knalde gelijk zo'n pil erin. Maar Leipheimer hoefde niet. 'Ik kan niet slapen, Boogie,' zei hij. Midden in de nacht. Wat kon mij dat schelen of hij kon slapen. 'Ja, maar waar ligt Leinders?' vroeg hij weer. Wist ik veel? 'Kijk maar op de kamerlijst.' Dus hij de gang op, maar hij trok blijkbaar de deur dicht. Om halfdrie hoorde ik hem kloppen. 'Boogie!' Kon ik mijn bed weer uit. Dat was typisch Leipheimer.

De eerste twee Tours lag ik met Erik Dekker. In 1998 met Koos Moerenhout, hij was dat hele jaar door mijn vaste slapie. In 1999 was mijn vaste slapie Marc Lotz. In 2000 heb ik alleen gelegen, in zo'n achterlijke zuurstoftent die niks hielp. In 2001 met Bram de Groot, in 2002 Leipheimer en later alleen. In 2003 en 2004 weer met De Groot, hij was eigenlijk mijn vaste slapie door die jaren heen. Wij voelden elkaar goed aan. Meestal reden we hetzelfde programma. In 2005 en 2006 lag ik met Pieter Weening op de kamer. Het laatste jaar werd dat Thomas Dekker. Ik vond het fijn om met dezelfde jongens te liggen, door het jaar heen.

Iedereen heeft zijn eigen rituelen. Rolf Sørensen was iemand die de hele avond lag te zappen. Daar werd ik gek van. Thomas en ik lazen allebei veel boeken, en we belden veel. Met Bram was het ook goed slapen. Nooit discussie hoe laat het licht uit moest. En we probeerden altijd net op dezelfde tijd naar beneden te gaan voor het eten. Wachtten we op elkaar, net even wat socialer dan het tegenwoordig gaat.

ETAPPE 12 • Donderdag 17 juli

Start Bourg-en-Bresse
Aankomst Saint-Étienne
Afstand 183 kilometer
Streek Rhône-Alpes
Bijzonder In de Tour van 1997 won de Duitser
Jan Ullrich op superieure wijze een tijdrit
met twee zware klimmen, die eindigde
in Saint-Étienne.

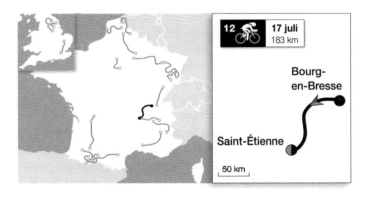

BOOGERDS BLIK

Iedereen ruikt in de Tour tegenwoordig wel ergens op het parcours zijn kans. Vroeger zag je de meeste renners een Tour gewoon maar ondergaan. 'We zien wel.' Nu merk je dat veel renners echt van tevoren een rit uitkiezen. Ritwinst in de Tour is zo belangrijk geworden. Het kan een carrière maken of breken. Dus hoor je nu vaak dat ze in de aanloop een bepaalde rit speciaal verkennen. Dat vertellen ze dan wel pas achteraf, maar goed. Mooi verhaal, en laten we maar aannemen dat het klopt.

De Australiër Simon Gerrans won zo vorig jaar de derde rit op Corsica, waar hij vooraf al een rode streep bij zou hebben gezet. Of de Belkins, met hun bijzondere waaieretappe. Allemaal zogezegd voorbeelden van vooropgezette plannen. En dan niet op z'n Johnny Hoogerlands, die roept: 'Ik heb dertien ritten uitgekozen, in een van die dertien moet het gebeuren.' Dat komt een beetje te simpel over. Nee, echt een rit uitkiezen en toeslaan.

De rit van vandaag is echt iets voor een renner met een plan. Er is al verschil door de rit naar la Planche des Belles Filles, het klassement staat. Je hebt nu kans dat er een groep gaat lopen. Zo ging het vroeger vaak. Je had even een moment van aarzeling in het peloton, 'Wat doen we?' Even overleg. En dan had de kopgroep tijd om afstand te nemen. Maar tegenwoordig zie je bijna nooit meer dat zo'n groep echt de ruimte krijgt. Met de oortjes is de informatie veel sneller beschikbaar. Ze rekenen tot op de minuut uit wanneer ze de kopgroep gaan terugpakken. Toch wordt het vandaag niet zomaar een massasprint.

Deze rit lijkt vlak, maar Saint-Étienne ligt in een kom. Je moet altijd ergens overheen voor je er bent. Dit is een lastige streek, in Parijs-Nice komen ze er ook vaak. Veel smalle wegen in die buurt. Draaien en keren. In 1997 hadden we een klimtijdrit naar Saint-Étienne, met twee cols van 13 kilometer op een afstand van 55 kilometer. Werd ik tiende. Jan Ullrich haalde toen Richard Virenque in, die drie minuten voor hem was gestart. Superzwaar.

Echte bergen zitten er nu niet in. Maar het blijft een lastige rit om te controleren. In de finale loopt alles behoorlijk naar beneden. In 1997 won de Belg Ludo Dierckxsens hier en eindigde Marc Lotz nog kort. Toen zat er ook een afdaling in, met dan nog twee kilometer vlak. Wie echt wil, rijdt het peloton in de finale gewoon aan bonken. Er kan zomaar een ontsnapping wegrijden.

Typisch een rit waar Peter Sagan het op zal hebben staan

als hij goed is. Reken maar dat Cannondale dan gaat proberen de andere sprinters te lossen. Of een ploeg als Orica-Green-Edge, met Gerrans of Impey. Die mannen hebben na vorig jaar moraal, weten dat ze met een goed plan een Tourrit kunnen winnen omdat ze ten opzichte van andere sprinters makkelijk over een bergje komen.

VIVE LA FRANCE • De Franse keuken

Bourg-en-Bresse, de hoofdstad van het departement Ain in Oost-Frankrijk, is bekend van het pluimvee: Bressekip of poulet de Bresse. Dit kippenras – rode kam, witte veren en blauwe poten – is de eerste diersoort in Frankrijk die een Appellation d'Origine Contrôlée ontving. Poulet de Bresse, met een ring van de fokker om de poot, staat garant voor voldoende leefruimte voor de kip en strenge eisen aan de voedselkwaliteit.

De regio Ain heeft op culinair vlak veel te bieden. Eet goed en je voelt je goed, is er het motto volgens de Guide Touristique van de Tourorganisatie uit 2007. Bijvoorbeeld de beroemde Bresse 'quenelles': langwerpige balletjes van gepureerde kip of vis, gebonden met vet en eieren en geserveerd met nantuasaus, herkenbaar aan een oranje kleur omdat het is gemaakt van rivierkreeft. Wellicht geen toeval dat Bourg-en-Bresse de geboorteplaats is van de beroemde chef-kok Georges Blanc, wiens gelijknamige restaurant in het nabijgelegen Vonnas maar liefst drie Michelinsterren heeft.

TOURHISTORIE • Ritwinnaars in Saint-Étienne

1950 Raphaël Géminiani (Frankrijk)
1953 Louison Bobet (Frankrijk)
1956 Stan Ockers (België)
1959 Dino Bruni (Italië)
1961 Jean Forestier (Frankrijk)
1963 Guy Ignolin (Frankrijk)

1966 Ferdi Bracke (België)
1968 Jean-Pierre Genet (Frankrijk)
1971 Walter Godefroot (België)
1977 geen winnaar
1978 Bernard Hinault (Frankrijk)
1980 Seán Kelly (Ierland) / Joop Zoetemelk (Nederland)
        (2x aankomst)
1983 Michel Laurent (Frankrijk)
1985 Luis Herrera (Colombia)
1986 Julián Gorospe (Spanje) / Bernard Hinault (Frank-
        rijk) (2x aankomst)
1990 Eduardo Chozas (Spanje)
1992 Franco Chioccioli (Italië)
1995 Max Sciandri
1997 Jan Ullrich (Duitsland)
1999 Ludo Dierckxsens (België)
2005 Lance Armstrong (vs)
2008 Marcus Burghardt (Duitsland)

ETAPPE 13 • Vrijdag 18 juli

Start Saint-Étienne
Aankomst Chamrousse
Afstand 200 kilometer
Streek Rhône-Alpes
Bijzonder In de Tour van 2001 won Lance
  Armstrong een klimtijdrit naar
  Chamrousse, een klim van 18,2
  kilometer lengte met een gemiddeld
  stijgingspercentage van 7,3.

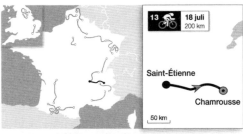

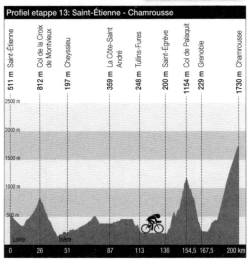

BOOGERDS BLIK

Slechts twee echte Alpenritten in deze Tour, allebei met aankomst bergop. Serieuze kost, al ontbreken de bekende toppen als de Alpe d'Huez, Madeleine, Galibier en Télégraphe. Alleen de Izoard, morgen, is een legendarische col. Kenners zullen daar misschien over klagen en voor het publiek is het ook wel leuk als er meer bekende cols in zitten. Maar een berg is een berg. Je moet omhoog. En er blijft genoeg over deze twee dagen. Ik verwacht spektakel in de Alpen, zeker omdat het in de Vogezen al heel lastig is geweest. Er zullen altijd verliezers zijn die nu proberen iets terug te doen.

Vandaag zit het venijn in het eind van de rit, met kort na elkaar de beklimming van de Col de Palaquit (1154 meter hoog, 14,5 kilometer lang, gemiddelde stijging 6,1 procent) en de slotklim naar Chamrousse (1730 meter, 18,2 kilometer, 7,3 procent). Meteen na de afdaling van de Palaquit gaat het weer omhoog. Chamrousse is een klim in trappen. Het steilst is de klim in de eerste zeven kilometer; daarna is het niet meer zo steil, maar nog wel lang. Lastig.

Lance Armstrong won hier in 2001 een klimtijdrit met minuten voorsprong op iedereen. Ik heb zelf geen goede herinneringen aan die klim naar Chamrousse. De dag ervoor reed ik nog goed op Alpe d'Huez, werd ik elfde. Maar in de tijdrit liep het die dag voor geen meter. Werd ik 35e of zoiets, op een minuutje of zes van Lance. Zo groot zullen de verschillen vandaag niet zijn tussen de klassementsmannen. Maar ze zullen deze rit, met zo'n aankomst, zeker aangrijpen om de strijd aan te gaan.

WIELERTAAL • Op je adem trappen

Je benen zijn wel goed, maar je adem kan even niet mee: 'op je adem trappen' heet dat. Dat heb je vaak in het begin van een rit bergop. Het gevoel dat je er nog niet doorheen bent. Veel mensen kennen het wel van het hardlopen. Je bent aan het rennen, wilt een sprint trekken om te versnellen, maar het lukt niet. Dan loop je echt te hyperventileren. Rotgevoel. Daar moet je doorheen, daarna gaat het meestal weer beter.

Zelf had ik het best vaak. Sterker nog: als ik in het begin van de rit op mijn adem trapte, wist ik dat ik die dag goed werd. Op het moment zelf is het even geen fijn gevoel. Maar ik wist dat het goed kwam. In de klassiekers vaak, Lombardije of zo. Start je om tien uur, bij twee of drie graden, is het een beetje dauwig, en dan schieten ze meteen in gang. Zit je adem te happen en te hijgen. Ze zeggen ook wel 'je tweede adem vinden', maar dat vind ik iets anders. Dat is meer als je na een zware inspanning nog een keer kan aangaan.

TOURHISTORIE • Engelen van de Galibier

Krakend geluid op Radio Tour: 'Attaque Escartin! Attaque Boogèrd!' Dit kan niet waar zijn. Michael Boogerd demarreert op de mistige flanken van de Galibier, de derde berg in de koninginnenrit van de Tour de France 1998. Auto langs de kant en kijken!

Duizenden wielerfans trotseren kou en ijsregen, in de ijle lucht op bijna 2500 meter. Daarbeneden, wat haarspeldbochten lager, doemen ineens de koplopers op. Vier nauwelijks te identificeren silhouetten in de wolken, beschenen door lichten van volgauto's en motoren. Een minuut later gevolgd door een mannetje. Wat gaat die hard! En vlak daarna een groep van zeven met geletruidrager Jan Ullrich en, jawel hoor, daar is het rood-wit-blauw van de Nederlands kampioen. 'Ik heb de engelen gezien,' vertelde Boogerd later aan de finish.

Wat is een Tour de France zonder Galibier? Toch slaat de organisatie de 2645 meter hoge Alpenreus al over sinds de prachtige zege van Andy Schleck in 2011. Legendevorming genoeg. Het onvoorstelbare verhaal van Eugène Christophe, die in 1922 na materiaalpech de berg beklom op de oude damesfiets van een pastoor. Prachtige zwart-witfoto's van de Italiaanse campionissimi Gino Bartali (1937) en Fausto Coppi (1952), die op de Galibier goochelden met minuten en zo het klassement op z'n kop zetten. Op de top van deze berg at koploper Féderico Bahamontes in de Tour van 1954 op z'n gemak een ijsje, voordat hij zich minuten later samen met de eerste achtervolgers in de afdaling stortte. Charly Gaul reed hier een jaar later iedereen op minstens een kwartier. En 'de ijzige kolos' is het decor voor de laatste Tourlegende, op 27 juli 1998.

De romantiek van de 'Adelaar van Toledo' (Bahamontes) en de 'Engel van de bergen' (Gaul) is lang voorbij, als het peloton zich die ochtend in Grenoble opstelt voor de start van de vijftiende rit. Verhalen en zwart-witfoto's zijn ingehaald door televisiecamera's, die elke pedaalomwenteling vastleggen. Met minuten wordt niet meer gesmeten, elke seconde telt.

In de Tour van 1998 komt daar de dopingjacht nog bij. De Festinaploeg van Richard Virenque en Alex Zülle is al naar huis, nadat in de auto van verzorger Willy Voet grote hoeveelheden epo en groeihormoon zijn gevonden. Ook bij het Nederlandse TVM zijn arrestaties geweest. In de schaduw van het genadeloze optreden van de Franse politie is de koers tot de slotweek weinig opwindend. De Duitser Ullrich lijkt op weg naar zijn tweede opeenvolgende Tourzege. Aan de voet van de Alpen staat hij 1.01 minuut voor op de verrassende Amerikaan Bobby Julich, en 3.01 op de Fransman Laurent Jalabert en de Italiaan Marco Pantani.

'Bij de start was het bloedverziekend heet,' vertelt Boogerd, bezig aan zijn derde Tour en prachtig vijfde in het klassement op 3.29 van Ullrich. 'Echt van dat benauwde. Ik trok zelfs mijn zweethemdje uit. Maar we reden nog geen drie kilometer op de Croix de Fer of het begon. Regenen, hagelen, ijswater. Wat had ik het koud! Ik heb het de hele dag nooit meer warm gekregen.'

Op de Croix de Fer en Télégraphe is het direct oorlog en Jalabert moet lossen. En Ullrich heeft honger. 'Toen ik boven kwam was mijn hele dagrantsoen al op,' zegt hij in zijn biografie *Ganz oder gar nicht*. Dan de 16,7 kilometer lange klim van de Galibier. 'Acht kilometer onder de top viel Luc Leblanc als eerste aan. Fernando Escartin en Michael Boogerd stoven mee, en weg waren ze. "Ik moet erachteraan," schoot door mijn hoofd.'

Ullrich lost met de tempoversnelling slechts zijn eigen knechten, Bjarne Riis en Udo Bölts. Uit een ooghoek ziet hij achter zich Pantani. 'Als een roofdier lag hij op de loer.' Precies als *der Jan* de achtervolgers terugbrengt bij de aanvallers, gebeurt het.

'Om vier minuten voor vier, 4,5 kilometer onder de top van de Galibier, vertrekt Marco's gezicht en schiet hij ervandoor,' beschrijft Matt Rendell in de biografie *De dood van Marco Pantani* over de in 2004 overleden Italiaan. 'Een veeg verzadigde kleur in de grijze omgeving.'

De in regenjassen gehulde menigte wijkt. Daar is de koploper. Staand op de pedalen, benen als staalkabels, geel Piraatje op het zadel. Wonderklimmer Pantani, *on top of his game*! Ver voor de groep Ullrich, die het net als Boogerd moeilijk heeft. 'In de ijle lucht op de Galibier zit je huig wel in je strot hoor,' zegt Boogie. 'Je voelt alleen de pijn. Je benen, je strot. Soms heb je het gevoel dat je dieper wilt ademen, maar dat lukt niet. Het ergste gevoel dat je als renner kunt meemaken.'

Liefst 2.49 minuut bedraagt de voorsprong van Pantani op de top. Een ouderwetse aanval die de Tour op z'n kop zet, zoals ooit Coppi, Bartali of Gaul. Voor il Pirata bovenop geen ijsje bij het monument voor Desgrange. Wel rustig stoppen om een regenjasje aan te trekken. In de stress achter hem vergeet Ullrich dat juist.

Na de slotklim naar Les Deux Alpes is het verlies van de Duitser opgelopen naar 8.57. 'Drie minuten voorsprong waren veranderd in zes minuten achterstand,' concludeert hij. Pantani wint de Tour. 'Legendarische dag,' zegt Boogerd (zesde op 5.48). 'Een van de grootste prestaties in de geschiedenis

van de Tour de France,' vindt ook de zesvoudig winnaar van het bergklassement Lucien Van Impe.
(Uit: Maarten Scholten, *NRC Handelsblad*, 28 juni 2011)

ETAPPE 14 • Zaterdag 19 juli

Start Grenoble
Aankomst Risoul
Afstand 177 kilometer
Streek Rhône-Alpes, Hautes-Alpes
Bijzonder Tweede Alpenrit, met onderweg de
beklimming van de Col d'Izoard, op
2360 meter hoogte het dak van deze
Tour.

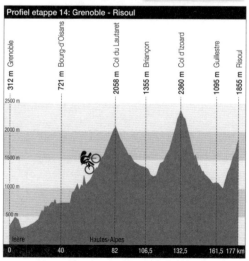

Profiel etappe 14: Grenoble - Risoul

BOOGERDS BLIK

Gisteren is er waarschijnlijk vol voor het klassement gereden. Vandaag wordt een beetje de kat uit de boom gekeken. Jongens die hebben verloren, zullen hier proberen hun kans te pakken. Er gaat op zeker een groep lopen voor de Lautaret. Dan is het kijken wat daarin aan klimmers mee zit, die in de rest van de etappe stand kunnen houden als de grote mannen gas gaan geven. Er zal hier sowieso een klimmer winnen. Maar dat kan ook een Pierre Rolland of een Thomas Voeckler zijn, vanuit een vroege vlucht. Al is het voor het publiek leuker als de echte mannen voor de ritwinst gaan.

De Lautaret is niet al te lastig, bijna nergens steil, wel lang: 34 kilometer klimmen aan 3,9 procent stijging gemiddeld. Ze rijden er vandaag van dezelfde kant op als toen ik zelf La Plagne won in 2002. Toen reden we er rustig op, maar was het daarna op de Galibier en de Télégraphe ineens volle bak koers. Nu is het omlaag naar Briançon en van daaruit weer omhoog de Izoard op. Dat is echt een dijenkletser.

De Izoard is dit jaar de hoogste berg in de Tour. De top ligt op 2360 meter, de klim is van deze kant 19 kilometer lang, met zes procent stijging gemiddeld, en vooral de laatste zeven kilometers zijn erg steil. Ik heb zelf in de Tour een keer van deze kant de Izoard op gereden in 2003, toen viel ik bergop. Dat was eenzelfde rit als vandaag, van Le Bourg-d'Oisans naar Saint-Étienne. Vino won die dag.

Na de Lautaret en Izoard ligt de aankomst boven op de Risoul, 12,6 kilometer klimmen met een gemiddelde stijging van 6,9 procent. Deze klim zit voor het eerst in de Tour, zelf ben ik er weleens opgereden in de Dauphiné. Vorig jaar won Chris Froome hier nog een bergrit in de Dauphiné. Die Risoul is echt een vervelend ding, vlakt nergens even af. Lastig genoeg om beslissend te zijn. Maar het kan ook zijn dat ploegen van de klassementstoppers iemand vooruit sturen in het begin, en dat al op de Izoard de strijd echt ontbrandt.

Deze rit kan iets zijn voor klimmers als Dan Martin of Andrew Talansky. Misschien niet de echte toppers van het klassement, wel kwaliteit genoeg om een aanval af te maken na zo'n zware rit. Martin won zo vorig jaar de tweede Pyreneeënrit naar Bagnères-de-Bigorre, toen Froome al vroeg geïsoleerd kwam te zitten. Mooie strijd. Je zag in de Tour van 2013 toch al behoorlijk onvoorspelbare dingen in de bergen. Het oude wielrennen was wat dat betreft voorspelbaarder.

Het is eigenlijk door Armstrong gekomen dat er op een berekende manier werd gekoerst. In 1998 deed Pantani het nog met een lange aanval, in de regen in een loodzware etappe over de Galibier. Ullrich in 1997 was ook een beetje zo, toen had je nog groepen die met minuten smeten. Niet dat het zo beter was, het is gewoon een keuze die wordt gemaakt en door een hoop renners wordt gerespecteerd. Maar er werd weleens wat meer onbehouwen gereden vroeger. Je wist: ik heb een kans, nu moet ik gaan. In het Armstrong-tijdperk had je dat veel minder. Alles lag meer vast.

Nu heb je in het zogenoemde nieuwe wielrennen meer begeleiders bij de ploegen die geen kennis meebrengen uit het oude wielrennen. Zij benaderen de wielersport anders, minder vanuit de traditie. Daardoor wordt er soms meer open gekoerst en kun je leuke situaties krijgen voor het publiek. Misschien hoor je het na vandaag ook wel: wat hebben we nou weer gezien?

 WIELERTAAL • De deur staat open

In een waaier zie je ze op de kant en van achteren lossen, of bergop een beeld van lossende renners uit een grotere groep. Vooraan wordt gas gegeven, achteraan gaan ze eraf. 'De deur staat open,' zeggen ze dan. Als je bijna moet lossen, zit je 'op het elastiek'. Soms moet je eraf en kom je weer terug. Dat wordt wel 'jojoën' genoemd, al hoorde je die term in het peloton niet vaak. Eraan, eraf, eraan, eraf. Beetje zoals je bij Bauke Mollema vaak ziet bergop, een renner die nooit echt gelost wordt.

TOURHISTORIE •
Als eerste boven op de Col d'Izoard (2360 meter)

1922	Philippe Thys (België)
1923	Henri Pélissier (Frankrijk)
1924	Nicolas Frantz (Luxemburg)
1925	Bartolomeo Aimo (Italië)
1926	Bartolomeo Aimo (Italië)
1927	Nicolas Frantz (Luxemburg)
1936	Sylvère Maes (België)
1937	Julián Berrendero (Spanje)
1938	Gino Bartali (Italië)
1939	Sylvère Maes (België)
1947	Jean Robic (Frankrijk)
1948	Gino Bartali (Italië)
1949	Fausto Coppi (Italië)
1950	Louison Bobet (Frankrijk)
1951	Fausto Coppi (Italië)
1953	Louison Bobet (Frankrijk)
1954	Louison Bobet (Frankrijk)
1956	Valentin Huot (Frankrijk)
1958	Féderico Bahamontes (Spanje)
1960	Imerio Massignan (Italië)
1962	Féderico Bahamontes (Spanje)
1965	Joaquim Galera (Spanje)
1972	Eddy Merckx (België)
1973	José Manuel Fuente (Spanje)
1975	Bernard Thévenet (Frankrijk)
1976	Lucien Van Impe (België)
1986	Eduardo Chozas (Spanje)
1989	Pascal Richard (Zwitserland)
1993	Claudio Chiappucci (Italië)
2000	Santiago Botero (Colombia)
2003	Aitor Garmendia (Spanje)
2006	Stefano Garzelli (Italië)
2011	Maxim Iglinskiy (Kazachstan)

ETAPPE 15 • Zondag 20 juli

Start Tallard
Aankomst Nîmes
Afstand 222 kilometer
Streek Hautes-Alpes, Languedoc-Roussillon
Bijzonder Het luchtruim tussen Gap en
   startplaats Tallard, dat 'hooggelegen
   plaats' betekent, is een eldorado voor
   liefhebbers van luchtvaart en extreme
   sporten.

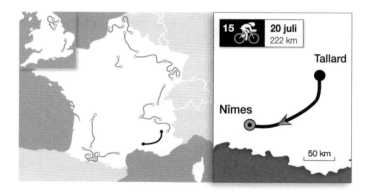

BOOGERDS BLIK

Tussen Alpen en Pyreneeën zit dit jaar maar een overgangsrit.
Je zou zeggen: twee dagen geklommen in de Alpen, nu mag er
een groep gaan lopen. Dan ligt het er maar net aan of de
sprintersploegen willen controleren. Kittel, Cavendish, Greipel: die mannen willen allemaal zo veel mogelijk ritten winnen. Elke kans pakken ze. En omdat ze aan elkaar gewaagd
zijn, denken ze altijd dat ze kans hebben. Misschien heeft een-

tje nog niets gewonnen en zal die extra nerveus zijn. In de eerste Tourweek eindigt dit soort ritten altijd in een massasprint. Maar vanaf de tweede Tourweek is dat geen zekerheidje meer. Zeker niet in een rit naar Nîmes.

Deze streek is gevaarlijk, het waait er altijd. De mistral heb je daar. Voor klassementsrenners zijn dit horrorritten. Het is niet al te lang, maar vanaf het vertrek staat er wind. Zit je in de bus voor de start, zie je de vlaggen strak staan. Als je uit de bus komt, hoor je ze wapperen. Heb je net de dag ervoor je hart eraf gereden op een berg, krijg je dit weer. De druk die je dan al voelt, nog voor de start, is niet prettig. Zo van: gisteren heb ik het goed gedaan, vandaag mag ik niets verliezen, want het gaat op de kant.

Naar Nîmes is het altijd waaierrijden. Ik heb zelf weleens een hele dag op de kant gezeten hier. Uiteindelijk rijdt er een groep weg en wordt er rustig naar de finish gereden. Maar dan heb je al wel drie uur met je hol open gezeten. Met constant het gevaar van valpartijen, de vraag of je ploeg nog sterk genoeg is. Als het op de kant gaat, red je het niet in je eentje. Al ben je nog zo sterk. Als het de hele dag wind van opzij is, moet je zo geconcentreerd zijn. Dat sloopt je. Dan kun je beter een bergrit hebben.

Geloof me, er zijn geen klassementsrenners die dit leuk vinden. Ja, als het lukt en je verliest niets, dan wel. Dan kun je achteraf een goed verhaal vertellen. Zoals Armstrong, die bij zijn comeback in 2009 meer dan een minuut pakte op een aantal van zijn concurrenten door hier oplettend te koersen. Eigenlijk zou je de benadering moeten hebben dat je het juist uit elkaar gaat rijden op zo'n dag. Maar er is bijna niemand die dat heeft.

 ## WIELERTAAL • Met het hol open

Voorovergebogen op je fiets zitten en alles geven: rijden 'met het hol open'. Dit is in het Nederlandse deel van het peloton een veelgebruikte uitdrukking. In de bus hoor je hem na de koers in bijna elke zin voorbijkomen. Zo van: 'Ik zat helemaal kapot, het ging zo hard, ik zat met mijn hol open.' Of, om het nog banaler te maken: 'Ik zat zo met mijn hol open, er kon wel een hele bidon in.' Dit is eigenlijk wel een gevaarlijke uitdrukking. Je zegt het onderling heel veel, maar als je voor de televisie kwam, moest je oppassen. Op de gewone kijker kan het raar overkomen. Dan denken de mensen: wat zegt hij nou, met z'n hol open? Kon je beter niet zeggen in interviews.

VIVE LA FRANCE • Vliegen

Vandaag wordt er natuurlijk gefietst, maar normaal gesproken staat startplaats Tallard voor vliegen. 'Hooggelegen plaats', betekent de naam, en dat is geen toeval. Het luchtruim tussen Gap en Tallard is een eldorado voor liefhebbers van luchtvaart en extreme sporten. Er zijn genoeg mogelijkheden om de lucht in te gaan. *Montgolfière*, een vlucht met een luchtballon, vernoemd naar de uitvinders van de luchtballonvaart, de gebroeders Joseph-Michel en Jacques-Étienne Montgolfier. *Planeur*, per zweefvliegtuig. Ook parapente of paragliden is een optie. *Parachutisme* en *hélicoptère* zijn mogelijk vanaf het vliegveldje van Tallard. Hiervandaan kun je zelfs met een driewieler de lucht in, een *autogyre*, een helikopterachtig voertuigje met een rotor zonder motor.

TOURHISTORIE • Winnaars in Nîmes

1905 Louis Trousselier (Frankrijk)
1907 Émile Georget (Frankrijk)
1908 Lucien Petit-Breton (Frankrijk)
1909 Ernest Paul (Frankrijk)
1910 François Faber (Luxemburg)
1925 Théophile Beeckman (België)
1935 Vasco Bergamaschi (Italië)

1936 René Le Grèves (Frankrijk)
1937 Alphonse Antoine (Frankrijk)
1949 Émile Idée (Frankrijk)
1950 Marcel Molinès (Algerije)
1953 Bernard Quennehen (Frankrijk)
1958 André Darrigade (Frankrijk)
1986 Frank Hoste (België)
2004 Aitor González (Spanje)
2008 Mark Cavendish (Groot-Brittannië)

FACTS & FIGURES • L'Étape du Tour

De amateuretappe in de Tour is een bijzonder evenement dat vorig jaar zijn tienjarig jubileum vierde. In L'Étape du Tour krijgen wielertoeristen de gelegenheid zichzelf te testen in een bergetappe die in het schema van de echte Tour is opgenomen. De organisator is de Amaury Sport Organisation (ASO), ook de eigenaar en organisator van de Tour de France. In 2014 zal L'Étape du Tour plaatsvinden op 20 juli 2014, op het parcours van Pau naar Hautacam, waar een paar dagen later de echte Tourrenners hun krachten zullen meten.

Net als in de professionele Tour bouwt de organisatie twee dagen van tevoren een compleet dorp op waar de deelnemers zich kunnen melden om een startnummer en andere spullen te krijgen en de gelegenheid hebben om de nieuwste kleurrijke producten en modellen van de fietsindustrie te bewonderen. Ook voor de plaatselijke inwoners is het een feest en ze maken van de gelegenheid gebruik om de bezoekers kennis te laten maken met regionale specialiteiten.

De start is 's ochtends vroeg, meestal om zeven uur. Dat is omdat veel deelnemers er behoorlijk lang over zullen doen. De traagste renners doen wel een uur of tien over zo'n etappe. En mocht iemand om wat voor reden dan ook de handdoek in de ring gooien, dan zijn er bussen en vrachtwagens beschikbaar om de gestrande amateur met zijn fiets naar de finish te brengen. Het is een geste van de organisator aan de deelnemers, maar ook noodzakelijk omdat de plaatselijke overheid de weg graag weer wil vrijgeven aan het verkeer.

In principe mag iedereen meedoen aan L'Étape du Tour. Serieuze wielertoeristen, maar ook beginnende wielrenners die zin hebben in een uitdaging. Er doen allerlei mensen mee, zelfs voormalige winnaars van de echte Tour de France. In 2007 deed Greg LeMond mee, samen met zijn zoon. LeMond eindigde als zeshonderdvijftigste.

Het is verstandig om je stevig voor te bereiden op zo'n rit en van tevoren goed te trainen. Zorg er ook voor dat je lange afstanden traint, anders kan de lengte van de etappe je de das omdoen. Trainen in heuvelachtig gebied of zelfs in de bergen is eveneens aan te bevelen. Op de website van de ASO kun je alle informatie vinden over L'Étape du Tour: www.letapedutour.com. Durf jij het aan?

RUSTDAG • Maandag 21 juli

DEMARRAGE • Nagelborsteltje

Een wielrenner moet altijd door. Vallen, opstaan en verder. Ook al lig je helemaal open, met grind en zand erin. Als je na een valpartij geluk had, kon je onderweg even langs de EHBO. Ze spuiten er wat op, je krijgt een pilletje in je mik en rijden! Maar na die tijd komt er allemaal viezigheid en zweet en straatvuil in. Dan wist je al hoe laat het was na de rit.

In de EHBO-kist van de ploeg zaten standaard van die steriele nagelborsteltjes, met een zakje eromheen. Je kwam in de bus en kreeg van de dokter een kartonnen doosje. Ik weet het nog goed. Daar zat van die vieze zeep in, jodiumzeep of betadinezeep. En je kreeg zo'n borsteltje. 'Kom zo maar terug,' zei hij dan. Moest je met je borsteltje over je knie schuren om die open wond schoon te maken. Als je het zelf echt niet kon, deed de dokter het voor je. Maar pijn deed het sowieso.

Wij stonden na afloop met drie man tegelijk onder de douche, in de bus. Ik denk niet dat mensen zich dit kunnen voorstellen. Overal hebben ze tegenwoordig steriele handschoenen aan. Bij de dokter, in ziekenhuizen, bij de tandarts. Maar bij ons in de bus stonden er twee zich in te zepen onder de douche en nummer drie stond vlak daarnaast met zo'n borsteltje zijn wonden schoon te maken. Het bloed en vuil druppelde gewoon in het putje.

Ik heb het in de Tour van 2001 een keer meegemaakt met mijn Duitse ploeggenoot Grischa Niermann, dat vond ik zo erg. Het was een rit waarin 'Soldaat' Marc Wauters zijn sleutelbeen brak. Massale valpartij, ook Niermann lag erbij, heel slecht. Hij had de rit nog wel uitgereden ook, maar vraag niet hoe. Er zat geen vel meer op z'n rug. Geert Leinders, onze dokter, had hem zijn doosje en borsteltje gegeven. Schoonmaken.

Nou, alleen al de waterstraal van de douche erop deed hem al zo'n pijn. Hij kon het zelf niet doen, kon er ook niet goed bij. Vraagt hij: 'Boogie, kan jij even?' Verschrikkelijk, als ik eraan terugdenk, voelt het weer rot. Ik heb twee keer die borstel over zijn rug gehaald, maar ik kon het gewoon echt niet. Die jongen had zoveel pijn! Hij is de volgende dag niet meer gestart, was klaar.

Dit soort dingen ziet het publiek niet, maar ze gebeuren regelmatig in de Tour. Wielrenners hebben een heel andere moraal dan mensen in de normale maatschappij. Ik denk weleens dat het mede daarom zover is gekomen, met doping en alles. Wij denken gewoon anders, wij zijn geen normale mensen. Ik heb daar best over nagedacht. Je bent gewoon niet goed, als wielrenner. Je pleurt op het asfalt en gaat door. Of je moet iets breken, maar ik heb zelfs jongens met breuken weer zien opstappen. Kijk hoe verschrikkelijk Woutje Poels valt, in de Tour van 2012. Wat had die allemaal niet? Gescheurde milt, nier, klaplong. En wat doet hij? Hij stapt gewoon weer op de fiets. Dat is niet normaal. Maar zo denk je gewoon.

Ik heb er zelf op Mallorca weleens bij gelegen, tussen veertig man. Met Matthé Pronk, ook van onze ploeg. Hij zat letterlijk boven op Michele Bartoli. Die Italiaan krijsen en gillen. Maar er was niets ergs aan de hand, dat kon je zo zien. Pronkie en ik keken elkaar aan en moesten lachen. 's Avonds aan tafel kom je daarop terug, natuurlijk. 'Zag je die Bartoli liggen? Wat een jankerd! Altijd hetzelfde met die Italianen.' Zo praat je daarover. Maar voor hetzelfde geld had je wat gebroken. Zo is onze moraal. Als je niet gelijk opstaat na een valpartij, word je uitgelachen. Of als je een keer ligt te huilen. 'Wat een aansteller.'

Ik ben in de Tour van 2004 weleens gevallen onder de boog van de laatste kilometer. Dat sloeg echt nergens op. Bobby Julich lag boven op me, ik kon nergens heen. Ik zat klem tegen een hek, overal fietsen om me heen. Je ligt in zo'n chaos. Wat ben ik aan het doen, schoot dan weleens door me heen. Maar daar had je eigenlijk geen tijd voor. Je moest over die streep. En weer goed zien te worden voor de volgende dag. Op zulke momenten is het des te erger als je door de pers wordt afgezeken omdat je niet mee kan.

In die Tour ging ik in totaal drie keer op mijn muil. Moest de kraker komen uit Nederland, zo gehavend was ik. Hij zette kruisjes op mijn lichaam waar er iets verkeerd zat. Hij bleef maar aan de gang. Ging hij tellen, had ik maar liefst 21 van die kruisjes. Op al die 21 punten moest hij me manipuleren. Dat is voor een mensenlichaam echt niet goed. En de volgende dag moest je gewoon weer. Ging ik weer op mijn muil. Ik was er zo klaar mee toen.

Mentaal krijg je als renner enorme klappen. Mensen kunnen zich moeilijk voorstellen wat het met je doet, als je zo hard gevallen bent en je moet weer opstappen. Je komt over de streep, verzorgen, nachtje slapen. Nou, dan weet je niet hoe ellendig je je voelt als je de volgende dag opstaat. Maar dan moet je weer. Rijden ze weer zestig in het uur. Dat is echt erg, daar word je niet blij van.

Soms kun je wekenlang geen eten uit je zak halen, omdat je een barst in je schouder hebt. In 2000 heb ik dat meegemaakt in Catalaanse Week. In de slottijdrit reed ik op het tussenpunt al vier seconden sneller dan leider Laurent Jalabert. Ik stond tweede, ging winnen. Tot ik pleurde, met zeventig in het uur. Op een randje geklapt, overal bloed op mijn gezicht, helemaal bont en blauw. Mijn ploegleider Adri van Houwelingen was zo kwaad en teleurgesteld. Hij zette mijn fiets op de auto, mij in mijn blauwe bergtrui op de voorstoel en reed zo door de finish heen. Hij wilde maar een ding: zo snel mogelijk weg hier, vliegen, naar huis. Maar die bergtrui dan, vroeg ik. Die interesseerde hem helemaal niets. Weg hier!

Dokter Van Meerwijk maakte mijn wonden schoon, daarna ben ik zo in het vliegtuig gestapt. Broekje opgestroopt, zag er niet uit. Om vijf uur gevallen, om acht uur stond ik weer op het vliegveld in Brussel. Dat zijn van die rare dingen. Ik was toen net samen met mijn inmiddels ex-vrouw Nerena. Ze wist niet wat ze zag toen ik thuiskwam. 'Jullie wielrenners zijn niet goed.' Liggen in bed, de volgende dag wilde ik per se Brabantse Pijl rijden. Werd ik nog achtste, maar ik kwam niet vooruit, zat achterstevoren op de fiets. Daarmee heb ik het hele voorjaar om zeep geholpen. Maar je gaat gewoon door. Vallen? Jodium erop, broekie omhoog en het vliegtuig in.

Ik ben ook weleens genaaid in de bus van de ploeg. Was ik gevallen in de Giro, in een rit naar Keulen. Leinders wilde niet wachten tot in het hotel. Dan maar in de bus. Iedereen zat te kijken en mee te tellen hoeveel hechtingen erin gingen. 'Doet het pijn, Boogie?' vroegen ze. Nee hoor, natuurlijk niet.

Mentaal moet er wel iets mis zijn met wielrenners, denk ik. Wie gaat er zes uur in de regen rijden? Dat is voor ons normaal, hè. Kijk naar Milaan-San Remo vorig jaar. Stappen renners af vanwege de kou. 'Wat is dat nou,' roepen mensen. 'Die gasten krijgen een miljoen per jaar.' Maar probeer zelf eens met bevroren vingers te fietsen. Dat is niet normaal. Of probeer maar eens met 35 graden over zes bergen te fietsen. De Tour gaat gewoon door. En denk erom, geen infuusje na de wedstrijd om iets aan te vullen. Dan ben je een crimineel.

Ik heb in de Vuelta wel gereden met 46 graden. Dat gaat helemaal niet. Rij je daar met een fijne helm op je dak, door de woestijn. Lekker in het volle zonnetje fietsen met zijn allen. Wie onze wereld niet kent, kan dat nooit begrijpen. Daarom is het zo spijtig dat mensen van buiten de sport zoveel slechts over ons schrijven. Dat is onterecht.

Mijn moeder had het daar vaak moeilijk mee. Dan zag ze je uitgemergeld rondrijden, of weer eens ergens op de grond liggen. En dan werd je afgezeken in de krant. Dat was normaal.

En het is ook de charme van deze sport. Luie coureur, lees je weleens. Nou, je kunt echt niet lui zijn als wielrenner. Anders begin je al nooit aan deze sport. Volgens sommigen was Óscar Freire zogezegd een luie renner. Zou het? Je wordt niet drie keer wereldkampioen zonder keihard te werken. Rómario, die was misschien lui en toch een wereldvoetballer. Maar in het wielrennen gaat dat niemand lukken.

VIVE LA FRANCE • Denim(es)

Nîmes is bekend van de best bewaarde Romeinse tempel: Maison Carrée. Of van de Arena in het oude centrum, geïnspireerd op het Colosseum in Rome. Nîmes was in de Romeinse tijd een belangrijke stad. Maar Nîmes is ook de geboorteplaats van 'serge de Nîmes', door de Amerikanen verbasterd tot 'denim'. Inderdaad de spijkerstof, die hier aan het begin van de negentiende eeuw voor het eerst vervaardigd werd door de familie André, voor de veehoeders van de Camargue. Pas later werd de sterke stof door Levi Strauss naar Amerika gehaald, voor de goudzoekers van *the promised land*.

TOURHISTORIE • Jonggestorven winnaars

De Tourwinnaar van 1906, René Pottier (geboren 1879, overleden 1907), werd 27. Hij was de eerste klimmer in de geschiedenis van de Tour en de eerste die een echte berg beklom (Ballon d'Alsace). Op 25 januari 1907 hing hij zichzelf op in het clubhuis van Peugeot nadat hij erachter was gekomen dat zijn vrouw een affaire had terwijl hij aan het wielrennen was en de Tour de France won.

De winnaar van 1907 en 1908, Lucien Petit-Breton (geboren 1882, overleden 1917), werd 35. Hij was de eerste tweevoudig winnaar van de Tour. Hij stierf tijdens de Eerste Wereldoorlog als chauffeur na een frontale botsing met een tegemoetkomende auto.

De winnaar van 1909, François Faber (geboren 1887, overleden 1915), werd 28. Deze Luxemburgse wielrenner was de eerste niet-Franse Tourwinnaar. Faber verloor het leven toen hij als soldaat diende in het Franse vreemdelingenlegioen tijdens de Eerste Wereldoorlog.

De winnaar van 1910, Octave Lapize (geboren 1887, overleden 1917), werd 29. Hij was de eerste winnaar van een Tour waarin echte bergetappes waren opgenomen. Lapize werd als piloot van een jachtvliegtuig nabij Verdun neergeschoten.

De winnaar van 1923, Henri Pélissier (geboren 1889, overleden 1935), werd 46. Parijzenaar Pélissier kwam uit een gezin van wielrenners. Er waren drie broers, Henri, Francis en Charles, die alle drie sterren aan het Franse wielerfirmament waren. Henri's vrouw Léonie schoot zichzelf dood in 1933. Daarna kreeg Henri een minnares, Camille Tharault, die twintig jaar jonger was dan hij. Ze hadden voortdurend ruzie en tijdens een heftige woordenwisseling op 1 mei 1935 greep Henri een mes en bedreigde Camille daarmee. Zij pakte een revolver, dezelfde waarmee mevrouw Pélissier zichzelf van het leven had beroofd, en vuurde vijf schoten op hem af. In de rechtszaak beweerde Camille dat ze uit zelfverdediging handelde. Ze kwam ervan af met een jaar onvoorwaardelijke gevangenisstraf.

De winnaar van 1923 en 1942, Ottavio Bottecchia (geboren 1894, overleden 1927), werd 32. De Italiaan Ottavio Bottecchia reed voor dezelfde ploeg als Henri Pélissier, Automoto, en was de eerste Italiaan die de Tour won. Op 14 juni 1927 werd Bottecchia in Italië langs de kant van de weg gevonden, bebloed en zwaargewond. Zijn fiets was onbeschadigd. Korte tijd later overleed hij. De priester die Bottecchia de laatste sacramenten gaf, beweerde vele jaren later dat de overval een politieke achtergrond had en dat de renner om het leven was gebracht door een fascistische bende. Twee mannen bekenden later nog onafhankelijk van elkaar dat ze hem hadden gedood; de een was een boer die Bottecchia ervan beschuldigde druiven te hebben gestolen, de ander een Italiaanse gangster uit New York die op zijn sterfbed opbiechtte dat hij de coureur in opdracht had omgebracht. De ware toedracht van de moord is nooit opgehelderd.

De winnaar van 1949 en 1952, Fausto Coppi (geboren 1919, overleden 1960), werd 40. Hij was een van de grootste wielerlegenden in de geschiedenis en de eerste die de Tour de France en de Giro d'Italia in hetzelfde seizoen won. In december 1959 vertrok Coppi naar Burkina Faso om een demonstratierit te rijden samen met de Fransen Jacques Anquetil, Raphaël Géminiani en Roger Rivière. Daarna ging hij naar huis om Kerstmis te vieren. Op eerste kerstdag kreeg hij koorts. De dokter kwam langs en constateerde griep. De volgende dag verslechterde zijn toestand en een andere arts werd geconsulteerd. Die was het eens met zijn collega, Coppi had een flinke griep te pakken. Op oudejaarsavond ging Coppi nog verder achteruit. Zijn lichaamstemperatuur daalde en hij klaagde over dorst en pijn. Toen belde de broer van Géminiani uit Frankrijk en vertelde dat Géminiani malaria had. De Italiaanse artsen antwoordden uit de hoogte: 'Als jullie nou voor Géminiani zorgen, dan zorgen wij voor onze Coppi.' Op 1 januari werd hij in het ziekenhuis opgenomen met een nieuwe diagnose: bronchitis en longontsteking als gevolg van een virus. In werkelijkheid had hij grote doses kinine nodig, maar in plaats daarvan gaven ze hem cortison. Op 2 januari stierf Fausto Coppi aan malaria.

De winnaar van 1951, Hugo Koblet (geboren 1925, overleden 1964), werd 39. De Zwitserse playboy Koblet raakte steeds dieper in de schulden na zijn afscheid van de topsport in 1958. Zijn vrouw verliet hem en op 2 november 1964 reed hij in zijn witte Alfa Romeo tegen een perenboom langs de weg. Zijn snelheid was op dat moment 120 km per uur. Korte tijd later stierf hij. Velen die hem kenden beschouwden zijn dood als zelfmoord.

De winnaar van 1973, Luis Ocaña (geboren 1945, overleden 1994), werd 48. Hij was een fantastische klimmer en een grote concurrent van Eddy Merckx in diens beste jaren. Toen Ocaña als geletruidrager na een zware val tijdens de afdaling van de Col de Menthe in de Pyreneeën gedwongen was zich terug te trekken, weigerde Merckx de volgende dag in het geel te rijden. Na zijn wielercarrière vestigde Ocaña zich als wijnboer in Frans Baskenland. Maar de zaken gingen slecht, hij werd steeds depressiever, zijn vrouw verliet hem en op 19 mei 1994 schoot hij zichzelf in zijn huis dood.

De winnaar van 1998, Marco Pantani (geboren 1970, overleden 2004), werd 34. Op Valentijnsdag 2004 werd de Italiaanse renner Marco Pantani dood aangetroffen in een hotelkamer in Rimini. De deur zat van binnenuit op slot, in de kamer was het een chaos. In het sectierapport werd gesproken van acute cocaïnevergiftiging. Over de doodsoorzaak is naderhand veel gespeculeerd. Sommigen menen dat Pantani connecties had in het criminele drugsmilieu en misschien slachtoffer werd van een misdrijf, terwijl anderen denken dat het zelfmoord was.

ETAPPE 16 • Dinsdag 22 juli

Start Carcassonne
Aankomst Bagnères-de-Luchon
Afstand 237 kilometer
Streek Languedoc-Roussillon, Pyreneeën
Bijzonder De laatste twee keer dat een Tourrit
  eindigde in Bagnères-de-Luchon, in 2010
  en 2012, ging de overwinning naar de
  Fransman Thomas Voeckler.

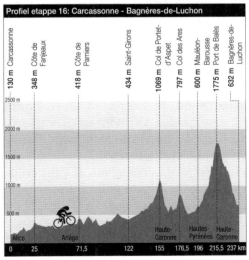

BOOGERDS BLIK

Dit gaat een mooie, spannende week worden met drie zware ritten in de Pyreneeën. In de Tour van 2013 had je eerst de Pyreneeën en toen de Alpen. Meestal zie je dat in het eerste gebergte al gelijk de beslissingen vallen, maar vorig jaar waren de Alpenetappes toch nog best gaaf. Er zat nog wel spanning in, ze hebben het in elk geval geprobeerd tegen Froome. Ik hoop dat de verschillen nu nog ietsje kleiner zijn. Dan kan een renner als Vincenzo Nibali misschien nog echt iets uitrichten.

In de Pyreneeën krijgen de renners, in tegenstelling tot in de Alpen, te maken met de bekende grootheden. Vandaag de langste rit uit de Tour, 237 kilometer. Na 155 kilometer de Portet-d'Aspet en dan aan het eind de Port de Balès. Dat is een hele lastige, 11,7 kilometer klimmen met een gemiddelde stijging van 7,7 procent. Dit is de klim waar in 2010 de ketting van Andy Schleck eraf sloeg, en Contador ervandoor ging. Schleck trapte door, Contador was direct weg en ging volle bak de afdaling in. Iedereen heeft kunnen zien hoe lastig die is. Schleck verloor daar de Tour.

De eerste keer dat de Port de Balès in de Tour zat was in 2007, toen onze vriend Rasmussen het geel had. Toen heb ik van onder naar boven voor hem op kop gereden. Er bleven nog elf man in mijn wiel. Hij is me er vast nog eeuwig dankbaar voor. Vinokoerov won de rit dat jaar, maar bleek later positief. We reden toen van de Balès naar beneden en daarna nog de Col de Peyresourde op. In 2010, met Contador en Schleck, won Thomas Voeckler de rit, die reed met een grote groep weg. In 2012 kwam Alejandro Valverde als eerste boven. Hij won toen ook de rit op Peyragudes, waar Froome nog zijn kopman Wiggins uit het wiel reed.

Vandaag is het na de afdaling van de Balès gelijk finish in Bagnères-de-Luchon. Dus de grote mannen zullen op het scherpst van de snede naar beneden rijden. Dat gaat leuk worden. Een renner als Nibali gaan ze er bergop normaal gesproken niet af rijden. En hij kan als specialist veel druk proberen te zetten in de afdaling. Zeker als het nat is, wordt het levensgevaarlijk. Hier zijn er al een paar rechtdoor gegaan. Nibali zal als een gek naar beneden rijden, kijk wat hij vorig jaar deed bij de WK in Florence. Al begint hij nu toch af en toe te vallen. Maar hier is Froome te pakken, zeker als het een dag spookt in de Pyreneeën.

 WIELERTAAL • Brandvoeten

Veel renners hebben in de Tour last van 'brandvoeten'. Zo'n gevoel alsof je voeten in de fik staan. Ik had het zelf ook vaak, dat doet echt pijn. De hele dag die druk en hitte. Dan zit je bijna jankend op de fiets. In 1996 had chauffeur Piet de Vos een bak ijs in de bus waar ik na afloop met mijn voeten in kon. Om ze te laten afkoelen. Zo brandde het. Bergop was het helemaal niet te harden. Ik heb er weleens eerder iets over verteld en kreeg via Twitter veel reacties. Het blijkt te maken te hebben met de stand van de kootjes van je voet. Met een kleine aanpassing van de zool schijn je ervan af te kunnen komen. Maar ik heb in mijn tijd als renner van alles geprobeerd: spray, water. Zie ik renners nog weleens doen, water over hun voeten gooien. Nou, dat helpt precies tien seconden. Maar soms is het niet te houden, dan pak je water. Of je haalt je voet even uit de clip. Ook dat helpt maar even.

TOURHISTORIE •
Ritwinnaars in Bagnères-de-Luchon

1983   Robert Millar (Groot-Brittannië)
2010   Thomas Voeckler (Frankrijk)
2012   Thomas Voeckler (Frankrijk)

ETAPPE 17 • Woensdag 23 juli

Start Saint-Gaudens
Aankomst Saint-Lary-Soulan / Pla d'Adet
Afstand 125 kilometer
Streek Pyreneeën
Bijzonder In 2005 won de Amerikaan George
Hincapie – 1.91 meter lang en 79 kilo
zwaar – een Pyreneeënrit naar
Pla d'Adet.

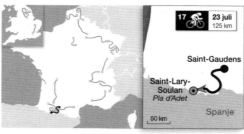

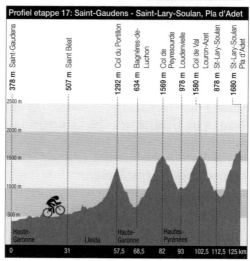

BOOGERDS BLIK

Gave rit vandaag, echte Tourrit. Heel kort, 125 kilometer. Maar de hele dag klimmen. Eerst de Portillon (8,3 kilometer lang, 7,1 procent stijging gemiddeld), dan de Peyresourde (13,2 kilometer, 7 procent), de Val Louron-Azet (7,3 kilometer, 8,3 procent) en ten slotte aankomst op Pla d'Adet (10,2 kilometer, 8,3 procent). Tel maar op: 39 kilometer klimmen in totaal. En dat zijn alleen nog maar de cols die in het rondeboek staan, want er is hier bijna geen meter echt vlak. Dit wordt echt superlastig, voor iedereen.

Het zal gelijk 'boem' zijn vanuit het vertrek. Je hebt hier alleen maar lastige wegen. Wat op papier nog een beetje een vlakke aanloop lijkt, gaat al meteen op en af. En je hebt al zoveel ellende gehad deze Tour. Gevaarlijk ritje ook voor de tijdslimiet. Als er meteen tempo wordt gereden, krijg je het zwaar. En er zijn altijd van die 'verse' mannen, die zich de vorige dag een beetje gespaard hebben en er nu vanaf het vertrek vol in knallen. Als je dan in het begin op een van die 'kaskes' wordt gelost, moet je vrezen. Ben je zomaar te laat binnen.

Ook voor de klassementsrenners is zo'n kort bergritje altijd extra gevaarlijk. Dat hebben we afgelopen Tour gezien, in die Pyreneeënrit naar Bagnères-de-Bigorre en in de voorlaatste rit naar Semnoz. Het nodigt toch meer uit voor een vroege aanval. Korte bergritten, het lijkt wel een trend die doorzet. In de Vuelta en de Giro zie je het ook. Organisatoren willen meer en meer van dit soort ritten om een beetje extra spektakel te krijgen. Maar ik weet niet of ik er als renner fan van was geweest. Leuk voor het publiek, maar het is heel anders koersen.

Sommigen zeggen dat het niet uitmaakt, 220 of 125 kilometer. Je zou toch dezelfde winnaar krijgen. Daar ben ik het niet mee eens. In een langere rit ga je jongens van voren zien die de inspanningen beter verteren en minder last hebben van slijtage. Met kortere ritten komen andere renners van voren, ook in het klassement. Jongens die explosiever zijn. Ik heb tegen renners gekoerst van wie ik in het begin dacht: dat gaat lastig worden vandaag. Maar op het laatst trok het wel bij. Zij hielden het niet vol als de inspanningen zich ophoopten. Dan vlakte het wat af bij hen, en had ik soms wat meer overschot.

Je moet tegenwoordig als renner op korte ritten anticiperen. Je hebt klassementsrenners die in het begin niet vooruit te branden zijn. Zoals Richie Porte vorig jaar overkwam in die tweede Pyreneeënrit. Dat kun je je niet meer veroorloven. Voor hetzelfde geld verliest zijn kopman Froome er de Tour door. Je kunt voor die korte ritten gemaakt zijn of niet, maar je moet het je gewoon eigen zien te maken. Als je dit niet beheerst, ben je vandaag en morgen nergens en is het klassement om zeep. Daar zullen sommige renners zich vooraf best zorgen over maken. Een Bauke Mollema is een renner die liever wat rustig begint, Robert Gesink en Laurens ten Dam ook. Geen van allen mannen die er graag vanaf kilometer nul invliegen. Als ik hen was, zou ik er vandaag en morgen niet heel gerust op zijn.

 ## DEMARRAGE • Pla d'Adet

Pla d'Adet, als kleine jongen wilde ik die altijd graag een keer op rijden. Heel gek. Misschien de naam of zo, Pla d'Adet. Die sprak mij aan. Nog uit de tijd van Joop Zoetemelk en Lucien Van Impe zeker, toen ik als jochie het wielrennen begon te volgen. Zelf heb ik er nog eens heel hard omhoog gereden in 2001. Ik was de hele dag niet goed, reed slecht op de Peyresourde, de voorlaatste klim. Tot we aan de voet van Pla d'Adet kwamen. Daar schoot ik ineens verschrikkelijk in gang! Ik begon niet op een goede plek, maar haalde de een na de ander in. Bleek ik achteraf nog de achtste tijd te hebben neergezet in de beklimming.

Het was de eerste keer dat ik in de Tour Pla d'Adet op reed, het was er helemaal oranje van de Basken. Ik kwam boven, droog jack aan en ciao. Zoek maar uit hoe je beneden komt. Er kwamen nog renners omhoog, die Basken stonden op de weg. Je remt steeds. Ik riep. Ik zie die Bask, kijk hem recht in de ogen. Gaat-ie links, gaat-ie rechts? Ik ga rechts. Die lul gaat precies dezelfde kant op. Reed ik vol op hem! Gevallen na de koers. Toen was ik kwaad zeg. Vlag in m'n wiel. Die Bask werd uitgescholden door z'n landgenoten, was de schlemiel, voelde zich ook onwijs schuldig. Dat dan weer wel. Dat is mijn eerste herinnering aan Pla d'Adet.

DEMARRAGE • Mart

Ik ken deze rit naar Pla d'Adet goed, in 2005 reden we ook zo. Heel de dag voorop gezeten, in een groep met mijn ploeggenoten Karsten Kroon en Erik Dekker. Zij werden er voor de slotklim af gereden. Ik zat aan de voet van Pla d'Adet mee in een kopgroep van vier, met onze vriend George Hincapie, Óscar Pereiro en Pietro Caucchioli. Die Hincapie bleek ineens te kunnen klimmen, ik werd bergop zomaar gelost.

Hij had er natuurlijk ook het ideale postuur voor (Hincapie is 1.91 meter lang en weegt 79 kilo). Typisch een gevleugelde klimmer, logisch toch dat hij de koninginnenrit van de Tour won? En toen was die rit nog een tikkie lastiger dan nu, met ook de Portet d'Aspet en de Menté. Voordeel voor Hincapie zeker? Nog meer bergen.

Ik weet nog goed dat we bij Rabo in de bus altijd de uitzending van Mart Smeets terugkeken. Wat was hij weer enthousiast! 'De trouwe luitenant van Armstrong, z'n boezemvriend, geweldig gereden van Hincapie. Deze man kan alles aan, van Parijs-Roubaix en Ronde van Vlaanderen tot de hoogste Pyreneeëncols!' Tja, en achteraf voelt Mart zich natuurlijk weer bedrogen, na alle verhalen over dopinggebruik. En wat waren wij bij Rabo een 'straffe' ploeg. Of toch niet? Om maar aan te geven dat je dit soort discussies in de juiste verhoudingen moet plaatsen voordat je er goed over kunt oordelen.

WIELERTAAL • Kaske

Een kort, steil klimmetje, net te weinig om tot de vierde categorie te worden gerekend. 'Een kaske,' zeggen ze in België. Typisch Vlaamse uitdrukking, waar het wielrennen vol mee zit. En dat maakt het wel leuk ook. 'Een kort, steil klimmetje' klinkt niet. Het is veel leuker om te zeggen dat we een paar kaskes kregen.

TOURHISTORIE • Ritwinnaars in Saint-Lary-Soulan

1974 Raymond Poulidor (Frankrijk)
1975 Joop Zoetemelk (Nederland)
1976 Lucien Van Impe (België)
1978 Mariano Martínez (Spanje)
1981 Lucien Van Impe (België)
1982 Beat Breu (Zwitserland)
1993 Zenon Jaskuła (Polen)
2001 Lance Armstrong (vs)
2005 George Hincapie (vs)

ETAPPE 18 • Donderdag 24 juli

Start Pau
Aankomst Hautacam
Afstand 145 kilometer
Streek Pyrénées-Atlantiques, Aquitanië
Bijzonder In 2000 won de Spanjaard Javier
　　Otxoa uit de Kelme-ploeg op Hautacam,
　　die later bij een training samen met zijn
　　tweelingbroer Ricardo een ongeluk kreeg,
　　waarna Javier twee maanden in coma lag
　　en Ricardo tragisch genoeg overleed.

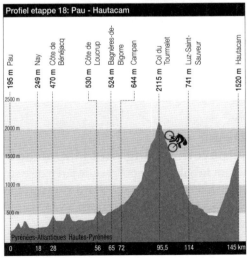

Profiel etappe 18: Pau - Hautacam

BOOGERDS BLIK

De derde dag achter elkaar in de Pyreneeën, tegen het einde van de Tour, reken maar dat dan de inspanningen gaan doorwegen. De meesten zijn hier al 'uitgereden'. Ik heb het zelf ook meegemaakt. In de Tour van 2001 hadden we twee dagen in de Alpen, rustdag, en dan meteen drie dagen in de Pyreneeën. In de eerste Pyreneeënrit, naar Plateau de Bonascre, won ik nog de sprint van de groep met grote mannen en eindigde ik bij de eerste tien. De tweede dag was het al ellende. Ik zat af te zien op al die klimmen, tot ik ineens die Pla d'Adet op vloog. Had ik weer moraal. Maar de dag erna reed ik als een drol. Op Luz-Ardiden zakte ik er helemaal doorheen. Ik weet nog dat ik boven aan de streep tegen een auto hing, verzorger Ton van Engelen met een paraplu boven mijn hoofd, tegen de brandende zon. Helemaal verrot. Ik was weggevaagd uit het klassement, tot ik de volgende dag minuten pakte in een lange vlucht. Daardoor eindigde ik die Tour nog als tiende. Maar ik had me volledig naar de kloten gereden in die Pyreneeën, drie dagen achter elkaar.

Vandaag net als gisteren weer een kort ritje, 145 kilometer. Toen had je voor de slotklim nog drie bergen, nu een hoge: de Tourmalet (17,1 kilometer lang, gemiddeld stijgingspercentage 7,3). En de slotbeklimming naar Hautacam (13,6 kilometer, 7,8 procent) is ook superlastig. Voor de klimmers is dit de laatste kans om voor de tijdrit van zaterdag nog wat tijdwinst te pakken. Wil je als klimmer een kans hebben op de Tourzege, dan moet je na vandaag een paar minuten voorsprong hebben op Froome.

DEMARRAGE •
Haat-liefdeverhouding met Hautacam

Op Hautacam heb ik in de voorgaande jaren drie straffe dingen gezien. In het eerste jaar dat ik gestopt was, in 2008, had je onze vriend Riccardo Riccò en consorten van Saunier Duval-

Scott. Een ploeggenoot van hem won toen, die magere, Leonardo Piepoli. Juan José Cobo werd tweede, Riccò zesde. Apart staaltje van die mannen. De keer daarvoor, in 2000, won de Spanjaard Javier Otxoa uit de Kelme-ploeg. Later kreeg hij bij een training samen met zijn tweelingbroer Ricardo een ongeluk, waarna Javier twee maanden in coma lag en Ricardo tragisch genoeg overleed. Javier kon in het begin niet meer wielrennen door zijn handicaps en is nooit meer prof geworden, maar behaalde nog wel een zilveren medaille op de Paralympische Spelen in 2004.

Die van 2000 was toch wel de meest straffe Tour die ik ooit heb gereden. Ze hadden dat jaar zogenaamd net een test gevonden waarmee ze epo konden opsporen. Nou, na de eerste bergrit wist ik meteen hoe het spel gespeeld werd. Marie Blanque, Aubisque, en dan finish boven op Hautacam. Superzware rit. Regen en ellende, die dag stapte bijvoorbeeld Frankie Vandenbroucke algauw af. Met een goed gevoel kwam ik aan de voet van Hautacam, ik zat helemaal van voren. Dat is best lastig daar. Maar ineens kwam toen Marco Pantani toch zo verschrikkelijk hard voorbij! Ik was gelijk gedeclasseerd. Het was meteen duidelijk hoe het zat, dat had ik wel door. Armstrong achter hem aan. Met z'n tweeën sprintten ze die berg op. Even later reed Armstrong nog eens een paar minuten weg bij Pantani. Bijna pakte hij Otxoa nog. De Kelmes reden die Tour toch zo schofterig hard. Otxoa reed voor zijn kopman Santiago Botero, die leek getransformeerd van renner tot straaljager. Was dit een Tour waarin ze epo konden vinden? Maar goed, Boogerd kwam niet vooruit. Gelukkig won Erik Dekker die Tour nog drie etappes. Was het voor onze ploeg nog goed.

Toch had ik een klik met Hautacam. In mijn eerste Tour, in 1996, ben ik er gelijk een keer goed op gereden, die dag dat Bjarne Riis iedereen voor schut zette. Dat was het derde straffe staaltje dat ik hier heb gezien. Hij reed gewoon buitenblad de Hautacam op! Dat kon natuurlijk niet. Ik reed sterk die dag, kon bij mijn Russische ploeggenoot Vjatsjeslav Ekimov blijven en werd twintigste. Helemaal trots.

VIVE LA FRANCE • Hendrik IV

Meestal is Pau als finishplaats opgenomen in het Tourschema. Theofiel Middelkamp, Henk Lubberding, Gerrie Knetemann, Erik Breukink, Adrie van der Poel en Léon van Bon kwamen er voor Nederland als eerste over de streep. En anders is de hoofdstad van het departement Pyrénées-Atlantiques wel startplaats. Geletruidragers Bernard Hinault (1980) en Michael Rasmussen (2007) verdwenen er langs de achterdeur uit de Ronde. Maar Pau blijft vooral de geboorteplaats van Hendrik IV (1553-1610). Deze koning van Frankrijk vaardigde in 1598 het Edict van Nantes uit, een goed voorbeeld van een religieus compromis tussen katholieken en protestanten. Een verademing na zesendertig jaar burgeroorlog, waarbij miljoenen Fransen om het leven kwamen. Deze kundige koning zorgde ook voor een hervormd belastingsysteem, bestreed corruptie, vergrootte de welvaart en maakte de staatsfinanciën weer gezond. Hij werd geboren in het Château de Pau, waar later Napoleon vaak verbleef in de zomer. Het kasteel is nog altijd open als museum.

TOURHISTORIE •
Als eerste boven op de Tourmalet (2115 meter)

1910 Octave Lapize (Frankrijk)
1911 Paul Duboc (Frankrijk)
1912 Odiel Defraye (België)
1913 Philippe Thys (België)
1914 Firmin Lambot (België)
1919 Honoré Barthélémy (Frankrijk)
1920 Firmin Lambot (België)
1921 Hector Heusghem (België)

1923 Robert Jacquinot (Frankrijk)
1924 Ottavio Bottecchia (Italië)
1925 Omer Huyse (België)
1926 Odile Taillieu (België)
1927 Nicolas Frantz (Luxemburg)
1928 Camille Van De Casteele (België)
1929 Victor Fontan (Frankrijk)
1930 Benoît Faure (Frankrijk)
1931 Jef Demuysere (België)
1932 Benoît Faure (Frankrijk)
1933 Vicente Trueba (Spanje)
1934 René Vietto (Frankrijk)
1935 Sylvère Maes (België)
1936 Sylvère Maes (België)
1937 Julián Berrendero (Spanje)
1938 Gino Bartali (Italië)
1939 Edward Vissers (België)
1947 Jean Robic (Frankrijk)
1948 Jean Robic (Frankrijk)
1949 Fausto Coppi (Italië)
1950 Kléber Piot (Frankrijk)
1951 Jean Diederich (Luxemburg)
1952 Fausto Coppi (Italië)
1953 Jean Robic (Frankrijk)
1954 Féderico Bahamontes (Spanje)
1955 Miguel Poblet (Spanje)
1957 José Manuel Ribeiro da Silva (Portugal)
1959 Armand Desmet (België)
1960 Kurt Gimmi (Zwitserland)
1961 Marcel Queheille (Frankrijk)
1962 Féderico Bahamontes (Spanje)
1963 Féderico Bahamontes (Spanje)
1964 Julio Jiménez (Spanje)
1965 Julio Jiménez (Spanje)
1967 Julio Jiménez (Spanje)

1968 Jean-Pierre Ducasse (Frankrijk)
1969 Eddy Merckx (België)
1970 Andres Gandarias (Spanje)
1971 Lucien Van Impe (België)
1972 Roger Swerts (België)
1973 Bernard Thévenet (Frankrijk)
1974 Jean-Pierre Danguillaume (Frankrijk) / Gonzalo Aja (Spanje)
1975 Lucien Van Impe (België)
1976 Francisco Galdos (Spanje)
1977 Lucien Van Impe (België)
1978 Michel Pollentier (België)
1980 Raymond Martin (Frankrijk)
1983 Patrocinio Jiménez (Colombia)
1985 Pello Ruiz Cabestany (Spanje)
1986 Dominique Arnaud (Frankrijk)
1988 Laudelino Cubino (Spanje)
1989 Robert Millar (Groot-Brittannië)
1990 Miguel Ángel Martínez Torres (Spanje)
1991 Claudio Chiappucci (Italië)
1993 Tony Rominger (Zwitserland)
1994 Richard Virenque (Frankrijk)
1995 Richard Virenque (Frankrijk)
1997 Javier Pascual Llorente (Spanje)
1998 Alberto Elli (Italië)
1999 Alberto Elli (Italië)
2001 Sven Montgomery (Zwitserland)
2003 Sylvain Chavanel (Frankrijk)
2006 David de la Fuente (Spanje)
2008 Rémy Di Grégorio (Frankrijk)
2009 Franco Pellizotti (Italië)
2010 Christophe Moreau (Frankrijk) / Andy Schleck (Luxemburg)
2011 Jérémy Roy (Frankrijk)
2012 Thomas Voeckler (Frankrijk)

TOURHISTORIE • Jean Robic

In de eerste Tour na de oorlog, die van 1947, speelde de Côte de Bonsecours, vlak na het begin van de etappe, een belangrijke rol. Dat jaar won Jean Robic de Tour, maar hij kreeg de gele trui pas toen de laatste etappe naar Parijs achter de rug was.

Robic was in 1939, op negentienjarige leeftijd, begonnen met wedstrijdrijden, maar maakte geen enkele indruk. Journalist René de Latour schreef in het tijdschrift *Sporting Cyclist*: 'Als iemand me in 1939 had verteld dat de Tour de France ooit gewonnen zou worden door die broodmagere knul met zijn enorme zeiloren, had ik me rot gelachen.'

In 1944 maakte Robic tijdens Parijs-Roubaix een lelijke smak, maar ondanks een schedelbreuk haalde hij de eindstreep. Na die gebeurtenis droeg hij altijd een leren helm, wat hem de bijnaam *tête de cuir* (leren hoofd) bezorgde. Door zijn flaporen en leren helm was hij in het peloton snel te herkennen. Het was bovendien een klein ventje, hij was slechts een meter zestig lang. Vaak reed hij in een wijde voetbalbroek op een fiets die veel te groot voor hem leek. Op foto's heeft hij daarom wel wat weg van een tienjarig joch dat de fiets van zijn grote broer heeft geleend.

Toen de renners in 1947 aan de laatste etappe begonnen, een rit van 257 km van Caen naar Parijs, had Robic een achterstand van 2 minuten en 58 seconden op de Italiaan Pierre Brambilla. Aldo Ronconi, ook een Italiaan, zat daar nog tussen. Brambilla reed voor een Franse ploeg van in Frankrijk wonende Italianen. In de relatief vlakke etappe leken de Italianen volledig de controle te hebben. Maar toen het peloton vlak na Rouen aan de klim bij de Côte de Bonsecours begon, zag Robic dat Brambilla ingesloten was. Robic probeerde op de kasseien buitenom te gaan. Twee keer reageerde Brambilla. Het peloton was onrustig en de Fransman Édouard Fachleitner maakte gebruik van de situatie en leek ermee weg te komen. Ook hij kon nog een rol spelen in het klassement, want zijn achterstand op Brambilla bedroeg 6 minuten en 26 seconden. Opnieuw moest Brambilla alles uit de kast halen om de Franse aanval af te weren. Maar ditmaal lukte het hem niet. De inspanningen hadden hun tol geëist en hij moest toezien hoe Robic naar Fachleitner toe reed, die op de top van de heuvel op hem wachtte. De twee landgenoten werkten goed samen en hun voorsprong liep al snel op naar enkele minuten.

Halverwege Parijs kwam het tot een van de meest geruchtmakende afspraken in de Tourgeschiedenis. Robic merkte dat Fachleitner gemotiveerd was, ook hij kon immers de Tour nog winnen. 'Luister eens,' zou Robic hebben gezegd. 'Jij kunt onmogelijk de Tour winnen, want ik laat je geen meter bij me wegrijden. Maar als je me helpt, krijg je 100.000 franc.' Dit verhaal is nooit bevestigd, maar het duo reed hoe dan ook samen naar Parijs. Daar kwamen ze zeven minuten na etappewinnaar Brian Schotte over de eindstreep. Brambilla finishte pas dertien minuten later, hij verloor de Tour op de allerlaatste dag.

Jean Robic was de eerste Tourwinnaar die geen enkele dag in het geel had gereden. En Brambilla zou zijn fiets uit teleurstelling over het verlies in de tuin hebben begraven.

ETAPPE 19 • Vrijdag 25 juli

Start Maubourguet / Val d'Adour
Aankomst Bergerac
Afstand 208 kilometer
Streek Midi-Pyrénées, Dordogne
Bijzonder Joop van den Ende maakte in 1991
zijn eerste musical over een Fransman
met zijn lange neus: Cyrano de Bergerac.

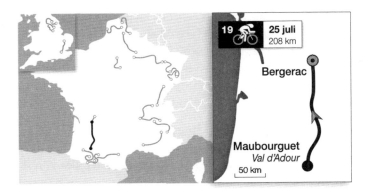

BOOGERDS BLIK

De eerste rit na de Pyreneeën, laatste kans op een massasprint voor de Champs-Élysées. Of, wat je ook weleens ziet, dat ze collectief een rustdag pakken. Dan gaat er een groep weg en heeft de rest geen zin meer. Laat maar rijden. Maar dat gebeurt niet vaak. Iedere ploegleider zegt: morgen tijdrit, dan Parijs, dit is de laatste kans op succes. Er zijn altijd zes of zeven ploegen die nog niets hebben.

Dat wordt demarreren vanuit het vertrek, maar het duurt meestal lang voor er een groep gaat lopen. Hoe dichter je bij de streep komt, hoe meer moraal de sprintersploegen toch weer krijgen. Het is lekkerder om 40 of 60 kilometer te moeten controleren dan 100. Zo is er altijd een punt in de koers dat ze denken: we zouden eerst niet meespringen, maar nu is het toch wel handig, want dan kun je de vlucht nog controleren, en het kan nog een massasprint worden.

Twee jaar geleden zat Cavendish in het begin niet lekker in de Tour. Op de laatste vrijdag, in de rit naar Brive-la-Gaillarde, reden toen twintig man weg op een klimmetje. Een groep met echt goede renners. Zo'n grote groep is altijd een beetje eng, dus bleven ze tempo rijden in het peloton. De Noor Edvald Boasson Hagen mocht voorin voor eigen kans gaan, nota bene een ploeggenoot van Cavendish. Maar die heeft dan in zo'n Tour zoveel gif in zich gekregen, die wil zelf nog wel winnen. Dan zie je vaak dat het in de finale toch weer bij elkaar komt. En dus won Cavendish, na een weergaloze sprint.

 ## WIELERTAAL • Waakhond

De waakhond in de kopgroep controleert, houdt de boel in de gaten. Dat zijn vaak van die lepe renners. Ze zien alles, zijn altijd mee in de juiste ontsnapping. Ze zitten er ook bijna altijd bij als hun kopman in de kopgroep rijdt. Dan zie je vaak het spel dat hij zich wegcijfert voor de ander. Gaatjes dichtrijden, slim kopwerk doen. Dat is de waakhond.

TOURHISTORIE • Ritwinnaars in Bergerac
1994 Miguel Indurain (Spanje)

VIVE LA FRANCE • Een neus voor goede wijn
Joop van den Ende maakte in 1991 zijn eerste musical over de Fransman met zijn lange neus: Cyrano de Bergerac. De Franse toneelschrijver Edmond Rostand schreef in 1897 het ver-

haal over deze nobele dichter, een man die echt bestaan heeft en zelf een aantal boeken schreef. Bergerac in het toneelstuk is verliefd op zijn nichtje Roxane, maar zij niet op hem. Lang verhaal, vijf klassieke akten, mooi dichtwerk, maar een groot drama.

Naast dit beroemde verhaal is het in de Dordogne gelegen Bergerac bekend om de wijn. Ten oosten van Bergerac ligt het gebied Pécharmant, waar voornamelijk rode wijn vandaan komt. Ten zuiden ligt de Monbazillac, waar zoete witte wijnen geproduceerd worden. Ook vanuit startplaats Maubourguet ligt volgens de website velovino.nl 'een lappendeken van AOC's' (Appellation d'Origine Contrôlée). Noordwaarts richting Bergerac kom je langs wijnstreek Madiran, die in 1985 bij een proeverij de beste bordeauxwijnen versloeg. De Côtes de Saint-Mont, Côtes du Brulhois en Côtes de Duras bieden volop rood, wit en rosé.

ETAPPE 20 • Zaterdag 26 juli

Start Bergerac
Aankomst Périgueux
Afstand 54 kilometer
Streek Dordogne
Bijzonder Pas op de voorlaatste dag van deze
Tour is de enige tijdrit.

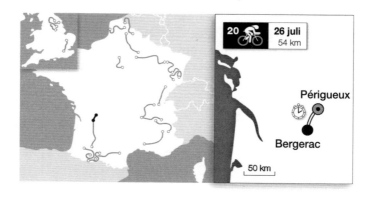

 BOOGERDS BLIK

Het Tourparcours van dit jaar vind ik goed. Mooie opbouw.
Alleen is er nu maar een lange tijdrit van 55 kilometer, op de
voorlaatste dag. Wat ze daarmee willen bereiken weet ik niet.
Misschien willen ze niet dat de tijdritkilometers doorslagge-
vend zijn voor het klassement. Maar voor de spanning in de
Tour was het veel leuker geweest om twee kortere tijdritten te
doen, zoals afgelopen jaar. Een keer vlak, een keer een beetje
klimtijdrit. Nu heb je ook al geen proloog, geen ploegentijdrit. Pas aan het eind krijg je dan ineens 55 kilometer om je
oren.

Het kan natuurlijk zo lopen als in 2011, toen Cadel Evans op de laatste zaterdag in de tijdrit voorbij Andy Schleck ging. Dat was een mooie ontknoping, toen was het 42 kilometer. Maar een tijdrit van 55 kilometer, en dan ook nog eens helemaal vlak, vind ik te lang. Dan maak je het tijdrijden juist weer wel heel belangrijk. Iemand die geen tijdrijder pur sang is, verliest hier op een mindere dag zomaar vijf minuten op Froome. Dat geldt ook voor Nairo Quintana, toch een renner die je in de bergen graag ziet aanvallen. Maar in zijn achterhoofd zal echt wel deze tijdrit zitten. Normaal gaat hij op elke klim aanvallen, dat moet de organisatie mooi vinden. Maar nu denkt hij al vóór de Tour: ik rijd toch weer voor een tweede plek. Want stel dat hij een keer 30 seconden pakt in een aankomst bergop. Die is hij tegen Froome na vijf kilometer tijdrijden al kwijt.

Het gaat voor Froome zijn vandaag. Ik zie niemand die hem gaat kloppen. Hij is een betere tijdrijder dan Nibali, die op mij ook al geen verpletterende indruk heeft achtergelaten in de Vuelta van 2013. Hij won eerder dat jaar de Giro, een lastige koers natuurlijk. Maar daar eindigde ook Cadel Evans nog op het podium, als nummer drie. Die kwam er verder dat seizoen niet aan te pas. Daar leid ik uit af dat het niveau in die Giro wel ietsje minder was. Nee, ook Nibali kan als tijdrijder niet tippen aan Froome. De enige die dat kon, was Wiggins. Maar die gaf al snel aan dat hij niet meer meedoet aan de Tour.

 ## WIELERTAAL • Stamp

Een echte kenner kan zien of een renner er 'stamp' op heeft of niet. Zeker als je achter iemand rijdt. Neem de afgelopen Tour, de tijdrit naar Mont Saint-Michel. In de laatste twee kilometer filmen ze Bauke Mollema. Dan zie je gewoon dat hij er stamp op heeft. Iedere trap is raak. Wat je bij een schaatser ook ziet. Gianni Romme kon dat heel erg hebben. Elke slag was een maximaal rake klap, zoals bij de Spelen van Nagano in 1998. Bij een wielrenner heb je dat ook, al zie je het vaak minder duidelijk.

In 1999 werd ik in Luik-Bastenaken-Luik hard voorbijgere-den door Frank Vandenbroucke op Saint-Nicolas. Toen zei de commentator, ik dacht dat het Erik Breukink was, dat er nog stamp op zat bij mij. Met andere woorden: ik viel zeker niet stil, dat was het niet. Dat had Breuk goed gezien. Maar Van-denbroucke ging gewoon harder. Een ingewijde kan dat op tv-beelden zien. Volle benen, macht, raak trappen.

Het heeft niet per se te maken met het rijden van een zware versnelling. Aan een renner als Gesink zie je niet af dat hij er stamp op heeft, op dat kleine versnellinkje van hem. Maar hij kan evengoed wel hard gaan. Het zit in de combinatie van de beweging van de benen en het bovenlichaam. 'Er zit nog wat achter,' zeggen ze ook wel. Of: 'Er zit nog wat op.' De Belgen noemen het 'dash'. Er zit nog dash op. Ik zei altijd dat ik er stamp op had.

FACTS & FIGURES • Hoezo, even schakelen?

Eigenlijk is de fiets sinds 1890, toen de eerste exemplaren op de markt kwamen, nauwelijks veranderd. Uiteraard zijn er wel aanpassingen geweest en worden de onderdelen, zoals stuur, remmen, zadel, wielen, velgen, banden, pedalen en frame, voortdurend verbeterd wat betreft materiaalkeuze, duurzaam-heid, gewicht, slijtvastheid, aerodynamica, gebruiksvriende-lijkheid en veiligheid. Maar door de bank genomen is er geen sprake van een revolutionaire ontwikkeling op het gebied van technologie of vorm. Met uitzondering van de versnelling. Die is enorm veranderd.

De eerste fietsen die rond 1900 op de markt kwamen had-den geen versnellingen. Ze hadden niet eens een vrijloop. Maar toen niet veel later de technologie van de vrijloop be-schikbaar kwam, mochten de Tourrenners er in de eerste tien

jaar van Desgrange niet mee fietsen, dat werd pas na 1912 toegestaan. De vrijloop was voor watjes, vond hij. En hij dacht
het te weten, want hij had in 1893 het werelduurrecord op zijn
naam gezet. Toen had niemand het over vrijloop. Voor tech-
nologische ontwikkelingen binnen het wielrennen moest je
niet bij Henri Desgrange zijn, die als redacteur van het tijdschrift *L'Auto* en organisator van de Tour de France veel invloed had.

Rond de eeuwwisseling had een slimmerik in Saint-Étienne een fietsenwinkel geopend. Zijn naam was Paul de Vivie en
hij gaf ook een tijdschrift uit, *Le Cycliste*, waarin hij onder het
pseudoniem Velócio zijn visie op het fietsen gaf. Paul de Vivie
was zelf een enthousiaste uitvinder. In 1905 lanceerde hij een
tweeversnellingssysteem, dat hij naderhand doorontwikkelde
tot een vierversnellingssysteem. Dat systeem werd in productie genomen en gebruikt door gewone fietsers, die voor de
producenten uiteraard de grootste doelgroep vormden. De
professionele wielrenners waren, net als Henri Desgrange,
lange tijd fel gekant tegen het versnellingssysteem van Paul de
Vivie, iets waar historicus Ralph Hurne zich in heeft verdiept.
'Versnellingen waren voor zonderlingen, toeristen, watjes of
dominees, maar absoluut niet voor profs,' aldus Hurne.

Maar algauw kregen renners door dat de techniek en tactiek die aan versnellingen waren gekoppeld, van beslissende
betekenis waren voor de wedstrijdresultaten. Want ze hadden
wel een methode om van versnelling te wisselen, alleen week
die nogal af van wat Paul de Vivie had bedacht: ze draaiden
gewoon het achterwiel om, dat uitgerust was met twee tand-
wielen van verschillende grootte, aan weerszijden van de
wielnaaf. Zo bood hetzelfde wiel twee mogelijkheden om de
hoogteverschillen in het parcours aan te kunnen. Je hoefde alleen maar het wiel om te draaien. Nou ja, alleen maar... Dat
kostte natuurlijk veel tijd: stoppen, van de fiets springen, de
moeren losmaken, het wiel omdraaien, de ketting aan het
tandwiel bevestigen, de moeren vastzetten en weer op gang

komen. Deed je dat op het verkeerde moment (of liever ge-zegd: bleven je rivalen niet staan), dan kon de strijd in het erg-ste geval gestreden zijn. Dan konden je tegenstanders geza-menlijk een voorsprong opbouwen en jou het nakijken geven terwijl je op je knieën met twee moeren tussen je lippen bezig was.

Een van degenen die genoeg kreeg van die hopeloze tech-nologie was de Italiaanse renner Tullio Campagnolo. Volgens Les Woodland, die in zijn boek *Yellow Jersey Guide to Tour de France* over dit onderwerp schrijft, zou Campagnolo in no-vember 1927 tijdens een wielerwedstrijd in de Dolomieten hebben staan worstelen met de moeren van zijn achterwiel. Hij had het zo koud dat hij de moeren niet loskreeg en hij foe-terde bij zichzelf: '*Bisogno cambiar qualcossa de drio!*', wat zo-veel wil zeggen als: 'Dit moet anders!'

Later vond Campagnolo een naaf uit die veel gebruiks-vriendelijker was, met een hevel in plaats van moeren. Vervol-gens stortte hij zich op de versnelling zelf om een betere op-lossing te vinden. In 1940 was hij klaar met zijn Cambio Corsa-derailleur, met twee schakelverstellers. Met de ene ver-steller maakte de renner eerst het wiel los, daarna verplaatste hij de ketting met de tweede versteller, om het wiel vervolgens weer met de eerste versteller vast te zetten. Dit alles tijdens het fietsen. De techniek lijkt een beetje op *double clutching* bij oude auto's. Toen Hugo Koblet de Tour in 1951 won, gebruikte hij de derailleur van Campagnolo. Dat gold ook voor Gino Bartali, Fausto Coppi en nog een aantal andere wielrenners.

> *The time has come, the VET did say,*
> *To talk of many things*
> *(...)*
> *Of Coppi's blue Bianchi.*
> *With Campagnolo gears...*

In 1937 werd het gebruik van een derailleur in de Tour de France voor het eerst toegestaan. Waarschijnlijk is dat de grootste en meest radicale verandering in de geschiedenis van de Tour geweest. Deze reglementswijziging viel samen met een andere verandering: Henri Desgrange trad af als Tourdirecteur, waarna Jacques Goddet de hoofdverantwoordelijkheid kreeg. Toch treft Desgrange niet alle blaam voor het feit dat er in de Tour pas zo laat ruimte kwam voor nieuwe versnellingstechnologie. Ook de Franse rijwielproducenten hadden weinig op met vernieuwing en toonden op dat gebied weinig visie. Zij vonden de nieuwe technologie te kostbaar en voorzagen allerlei problemen. Het resultaat van die conservatieve houding kunnen we vandaag de dag nog zien: op het gebied van derailleurs zijn het Italiaanse Campagnolo en het Japanse Shimano de twee uitgesproken marktleiders, en zij lopen ook voorop bij de ontwikkeling van elektronisch schakelen.

De nieuwe concurrentie van Aziatische landen moet een zware slag zijn geweest voor de Franse industrie, die ooit internationaal marktleider was in rijwieltechnologie. Maar de Franse bedrijven konden slecht samenwerken, ze konden het maar niet eens worden over een gezamenlijke standaard voor de verschillende onderdelen van het versnellingsmechanisme. Als ze elkaar in de periode 1960-1980 wat meer tegemoet waren gekomen, hadden ze de Aziatische concurrentie heel wat beter het hoofd kunnen bieden.

Waarschijnlijk gaat er in de meeste Fransen een kleine Desgrange schuil. In de jaren dertig van de vorige eeuw schreef Henri Desgrange het volgende in zijn krant: 'Laat de versnellingen maar over aan vrouwen en bejaarden. Denk eraan, jullie zijn de koningen, de giganten op de weg, en jullie moeten de hindernissen die je onderweg tegenkomt puur op eigen kracht overwinnen, zonder naar hulpmiddelen te grijpen die beneden jullie waardigheid zijn.'

TOURHISTORIE • Ritwinnaars in Périgieux
1961 Jacques Anquetil (Frankrijk)

 DEMARRAGE • Slottijdrit

Die slottijd van Freiburg naar Mulhouse, in de Tour van 2000? Ik was ziek, man wat was ik ziek! Schijterij, overgeven. Eigenlijk kon ik niet starten, ze hebben me serieus moeten opkalefateren. Ik lag op bed in het hotel, onze ploegarts Geert Leinders was al op het parcours van de tijdrit. Ik voelde me ineens slecht worden, kotste alles eruit. Ik Geert bellen. 'Wat moet ik doen, kun je komen?' Maar hij was niet in de buurt, zei hij. Ik werd bijna wanhopig: 'Geert, ik kan zo niet starten, ik ben ziek!'

Hebben we dokter Van Mol gebeld, van Mapei. Die heeft er toch een paar spuiten in gekletst! Motilium, tegen de misselijkheid. Ik ben naar de start gegaan, in de bus gaan liggen. En toen moest ik nog starten. Ik weet nog dat er tijdens die tijdrit op het fietspad naast me een trimmer reed. Die vent haalde me in! Zo slecht reed ik.

Toen ik over de streep kwam, was het helemaal gedaan met me. Ik was zelfs nog zowat te laat binnen, zat helemaal onder de kots. En dan vroegen die journalisten nog: 'Ging het niet?' Wat dachten ze zelf? Mijn ouders waren er ook bij die dag, ze zaten helemaal in een wak. Ik zag eruit als een lijk!

's Avonds moest ik zwaar aan het infuus. Ik was leeg hè, had koorts. Ik kon niet rijden! Maar ja, de Tour duurde nog twee dagen. Dus wat doe je dan? Dat vroeg Geert me ook op mijn hotelkamer. Ik zei: 'Geert, ik sta zeventiende, ik moet naar Parijs.' Eigenlijk belachelijk natuurlijk. Hij probeerde nog: 'Het is niet verstandig, Michael, ga toch naar huis.' Ik zag het anders. Hup, die infusen erin! Ik denk wel vier of vijf. Ik moest eten hebben. Suikers, noem maar op.

Bij Gods gratie kon ik het binnenhouden. De volgende ochtend werd ik wakker, en wat voelde ik me slecht! Maar ik deed alsof het wat beter ging. Ik moest en zou starten, maar eigenlijk kon het niet. Daardoor ging ik ook op m'n plaat in die rit. Ik was gewoon niet goed. Er reed een auto in het peloton en ik viel. Ik was even buiten westen. Achteraf m'n geluk, want anders was ik zeker weer opgestapt.

Blijkbaar was ik snel wakker, want ik zag de auto's nog passeren. Op hetzelfde moment keek ik recht in de ogen van Geert Leinders, die bij Theo de Rooij in de auto zat. Hij zei: 'Het is over. Jij gaat naar huis!' Dat waren zijn letterlijke woorden. Toen gaf ik me er ook aan over. Ineens lag dat asfalt heel lekker. Ik lag er echt relaxed bij, zo van: eindelijk ben ik uit die hel!

Maar het ergste moest nog komen. 's Nachts lag ik alleen in een ziekenhuis in Frankrijk, waar ik geen eten meer kreeg. Toen had ik het gehad! Daar ben ik geknakt. Dat ik mezelf zo verlaagd had! Weet je wat het was? Ik had geen gevoel van eigenwaarde meer. Geert had al een paar keer gezegd, ook toen ik zeventiende stond: 'Jongen, doe jezelf dit niet aan. Je bent gewoon een goede wielrenner!' Maar ik ging helemaal in een wak zitten. Toen heb ik het een behoorlijke periode erg zwaar gehad. Dat is wat het met je doet. Niet alleen de Tour, heel je vak.

(Uit: *Boogie. De officiële biografie van Michael Boogerd*, 2007)

ETAPPE 21 • Zondag 27 juli

Start Évry
Aankomst Parijs
Afstand 136 kilometer
Streek Île-de-France
Bijzonder Vanaf 2009 ging de zege in de
slotrit op de Champs-Élysées vier keer
naar Mark Cavendish, tot vorig jaar de
Duitser Marcel Kittel de snelste was.

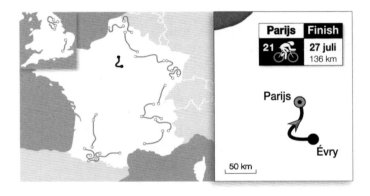

BOOGERDS BLIK

Slotdag, de dag van de grappen en grollen op weg naar Parijs.
Ik had er altijd een hekel aan. In de Ronde van Spanje heb ik
zelf een keer een grap uitgehaald, en nog een goeie ook, al zeg
ik het zelf. Die hele ronde was er een Hollandse kaasstand,
met twee meisjes in klederdracht en zo'n kaas. Toen heb ik op
de voorlaatste dag aan een van die meisjes gevraagd of ik hun
kleding mocht lenen. Ben ik de slotdag aan de start gaan staan
in zo'n kaasoutfit. Hollandse kaaskop, ik vond het wel een

128

goeie. Wat ik ook wel humor vond: een renner die ineens langs stoof op een motor.

Maar meestal is naar Parijs de originaliteit ver te zoeken. Elk jaar zie je weer renners met een grote sigaar in hun mond voorbijkomen. Nou, dan viel ik van mijn fiets van het lachen. Nog een van die aloude supergrappen: de kleine Quintana komt langs op de fiets van een grote, zoals Gesink. Of omgekeerd, nog leuker, een grote op een klein fietsje. Hilariteit alom. Dan kon je mij echt wegdragen. En die Spanjaarden hebben ook humor hoor, reken maar. Zij pakken altijd een vlaggetje af van de seingever en gaan daarmee zwaaiend door het peloton rijden. Schuddebuiken. Of mannen die een fake demarrage plaatsen. Ook geweldig.

Wij Nederlanders hadden een hekel aan die flauwe grappen. Vooral ook omdat ze daardoor in het peloton veel te langzaam reden. Weer stoppen, met z'n allen naast elkaar. Je werd er doodziek van. En het gekke is: op de Champs-Élysées is het ineens weer koersen met het mes tussen de tanden. O, wat houden we toch van elkaar. Nou, dan kwakken ze je weer tegen het asfalt aan. Nu is die rit 136 kilometer, wij hebben weleens 170 kilometer gehad. Toen heb ik met Floyd Landis afgesproken om een beetje door te rijden. Want als je de hele dag 40 aan het uur rijdt in een peloton, heb je gewoon een rustdag. Landis vond het een goed idee, maar iedereen begon te joelen. Toen stopte hij er weer mee.

Sagan zal vandaag nog wel een keer op z'n achterwiel gaan rijden, zwaaien naar het publiek. Voor mij hoefde het allemaal niet. Ik was blij als ik er was. Inpakken en wegwezen. Klaar. Je wilt zo rap mogelijk wegwezen. Maar dat lukte nooit. Altijd ruzie met je vrouw, die het niet kon vinden en niet op tijd was. Mijn laatste Tour in 2007 bleven we in Parijs, mochten we eten van de organisatie. Stond je een uur in de rij van een kilometer. Had ik toch een spijt! En de volgende dag naar huis racen, spullen pakken en naar Boxmeer.

TOURHISTORIE •
Ritwinnaars op de Champs-Élysées
(van 1903 tot en met 1967 aankomst in het Parc des Princes, van 1968 tot 1974 op de wielerbaan van Vincennes)

1975 Walter Godefroot (België)
1976 Freddy Maertens (België) / Gerben Karstens (Nederland)
1977 Dietrich Thurau (West-Duitsland) / Alain Meslet (Frankrijk)
1978 Gerrie Knetemann (Nederland)
1979 Bernard Hinault (Frankrijk)
1980 Pol Verschuere (België)
1981 Freddy Maertens (België)
1982 Bernard Hinault (Frankrijk)
1983 Gilbert Glaus (Zwitserland)
1984 Eric Vanderaerden (België)
1985 Rudy Matthijs (België)
1986 Guido Bontempi (Italië)
1987 Jeff Pierce (vs)
1988 Jean-Paul van Poppel (Nederland)
1989 Greg LeMond (vs)
1990 Johan Museeuw (België)
1991 Dmitri Konisjev (Sovjet-Unie)
1992 Olaf Ludwig (Duitsland)
1993 Djamolidin Abdoesjaparov (Oezbekistan)
1994 Eddy Seigneur (België)
1995 Djamolidin Abdoesjaparov (Oezbekistan)
1996 Fabio Baldato (Italië)
1997 Nicola Minali (Italië)
1998 Tom Steels (België)
1999 Robbie McEwen (Australië)
2000 Stefano Zanini (Italië)
2001 Ján Svorada (Tsjechië)
2002 Robbie McEwen (Australië)
2003 Jean-Patrick Nazon (Frankrijk)

2004 Tom Boonen (België)
2005 Aleksandr Vinokoerov (Kazachstan)
2006 Thor Hushovd (Noorwegen)
2007 Daniele Bennati (Italië)
2008 Gert Steegmans (België)
2009 Mark Cavendish (Groot-Brittannië)
2010 Mark Cavendish (Groot-Brittannië)
2011 Mark Cavendish (Groot-Brittannië)
2012 Mark Cavendish (Groot-Brittannië)
2013 Marcel Kittel (Duitsland)

VIVE LA FRANCE • Tien weetjes over Parijs

- Kortste straat van Parijs: Rue des Degrés (2ᵉ). De straat is nog geen zeven meter lang.
- Kortste straatnaam van Parijs: Rue de la Py (20ᵉ).
- Langste straatnaambord van Parijs: Square des Écrivains-combattants-morts-pour-la-France (16ᵉ).
- Smalste straat van Parijs: Le Passage de la Duée (20ᵉ), 85 meter lang en 90 cm breed.
- Breedste straat van Parijs: L'Avenue Foch, die op het breedste punt 120 meter meet.
- Eerste bestrate weg van Parijs: Pont Neuf, in de 17ᵉ eeuw.
- Oudste kerk van Parijs: Saint-Germain-des-Prés. De westelijke toren stamt gedeeltelijk uit de 11ᵉ eeuw.
- Het Parijse nulpunt voor alle afstanden in het Franse wegennet (het aantal kilometers van Parijs) is een in brons uitgevoerde ronde steen die midden in een verkeerseiland ligt op het Place du Parvis Notre-Dame.
- Op het beroemde Parijse plein Place de la Concorde staat een allegorisch kunstwerk waarvan alle beelden een Franse stad verbeelden: Marseille, Lyon, Straatsburg, Lille, Rouen, Brest, Nantes en Bordeaux.

FAVORIETEN

FAVORIETEN GELE TRUI

 BOOGERDS BLIK

Het grote gevecht om de eindzege in de Tour zal volgens mij tussen Chris Froome en Vincenzo Nibali gaan. Al is Contador dit seizoen heel sterk begonnen en lijkt hij veel beter dan vorig jaar. Houd hem in de gaten. Ik kijk natuurlijk ook uit naar de prestaties van de Nederlandse renners. Vorig jaar hebben vooral Bauke Mollema en Laurens ten Dam het zeer goed gedaan. Ze streden lang mee met de toppers van het klassement, vielen op met hun slagje in de waaieretappe naar Saint-Amand-Montrond, en eindigden uiteindelijk als zesde en dertiende. De Nederlandse wielerfans konden volop genieten van de Belkins. En de komende Tour wil ook Robert Gesink weer gaan voor een hoge eindklassering.

Ik vond het vorig jaar vooral mooi om te zien dat het wielrennen nog steeds enorm leeft. Er hoeft maar even succes in de Tour te zijn en iedereen is in de ban van 'Bau en Lau'. Je hoort weleens zeggen dat de belangstelling minder zou zijn door alle dopingverhalen van de afgelopen jaren. Dat is hooguit een handjevol mensen, en dan vooral in Nederland. Maar het grote publiek heeft zich nooit van de wielersport afgekeerd. Bij de Amstel Goldrace stonden vorig jaar meer mensen langs de kant dan ooit. De criteriums na de Tour waren ook drukbezocht. Soms voelen renners van nu zich aangesproken op het dopingverleden. Maar dat is onzin. Juist de renners van nu worden gezien als een schone generatie, die het doet op een andere manier.

Het wordt voor Belkin wel uitkijken voor de befaamde roze wolk, in de aanloop naar de Tour. Vorig jaar is er een hype rond 'Bau en Lau' ontstaan, daar ging iedereen in mee. Dat lijkt heel leuk allemaal. Maar er zal dit jaar meer op ze gelet worden, dat maakt het altijd lastiger. Het is sowieso moeilijk om goede prestaties te bevestigen en dan de volgende stap te maken. In het wielrennen komt niets vanzelf. Ik ben zelf ook een keer vijfde geworden in de Tour van 1998. Daarna heb ik dat nooit meer gekund. In die Tour zat van alles mee voor mij. De jaren daarna ga je naar dat goede gevoel naar op zoek en lukt het gewoon niet meer. Dat is frustrerend. Voor je het weet, ben je op de weg terug. Des te knapper als het Mollema, Ten Dam of Gesink nu wel zou lukken om nog te verbeteren.

Mollema stond vorig jaar zelfs even tweede, dan roept iedereen om de gele trui. Zo gaat dat, en het is ook best leuk op dat moment. Maar ik word dan een beetje angstig voor die gasten. Zijn de verwachtingen nog wel reëel? Het beeld achteraf, dat alles alleen maar geweldig was, klopt namelijk niet helemaal met de feiten. Die mannen hebben vorig jaar gewoon heel goed gereden, zeker die eerste bergrit. Vierde en vijfde op Plateau de Bonascre: dat had niemand verwacht. Supergoed. De Ventoux was ook goed. Maar ze reden geen goede ploegentijdrit. Ze hebben nog geen rit gewonnen. En vooral Ten Dam werd de laatste week echt minder. Dat doet niets af aan de prestaties, maar een beetje voorzichtigheid kan geen kwaad.

Je rijdt niet zomaar top vijf in de Tour. In 2010 is het Robert Gesink wel een keer gelukt. Daar werd minder ruchtbaarheid aan gegeven dan aan de prestaties van Mollema en Ten Dam van vorig jaar, terwijl ik zijn fysieke prestatie misschien wel hoger aansla. Ik ben benieuwd of hij dat niveau nog kan halen. Zijn ambities voor het klassement veranderen wel de verhoudingen in de ploeg. Vorig jaar was Gesink geen kopman en werd hij een paar keer behoorlijk te kakken gezet, ook in die film van de NOS. Hij had toen aangevallen op een moment dat Mollema het niet wist. 'Ik zat naast je,' zei Robert. 'Helemaal niet, je zat veertig plekken voor me,' reageerde Mollema. Dat is vrij hard. Daaruit proef je niet dat het de beste vrienden zijn. Maar dat hoeft ook niet, in praktijk blijkt in de wedstrijd vaak vanzelf wie de sterkste is.

Neem maar aan dat elke renner het liefst zélf degene is die presteert. Gesink is nu op een punt dat hij nog een keer wil schitteren in de Tour. Hij heeft vorig jaar in die succesploeg gezeten, geproefd wat het allemaal teweeg brengt. Ook Ten Dam wil dat nog een keertje, die is ook aan de positieve aandacht gewend geraakt. Het ís ook leuk, dat heb ik zelf ook meegemaakt. Als je weet dat in Nederland iedereen op de banken staat, geeft dat een soort verslavende roes. Dan loop je op wolken. Ten Dam wil dat, Gesink, Mollema. Ik hoop dat ze het voor elkaar krijgen, en dat Nederland weer kan genieten van een mooie Tour.

CARLOS ALBERTO BETANCUR

BIOGRAFIE
Geboren Cuidad Bolívar (Colombia), 13 oktober 1989
Ploeg AG2R La Mondiale
Erelijst Ronde van Emilië (2011), jongerenklassement Giro (2013), Ronde van Haute-Var (2014), eindklassement Parijs-Nice en twee ritten (2014)
Tour de France –

 BOOGERDS BLIK
Vorig jaar viel Betancur op met een vijfde plaat en de jongerentrui in de Giro, nu debuteert hij in de Tour. In potentie is hij een renner voor de top tien, hij kan heel goed klimmen. De bollentrui lijkt me een mooi doel voor hem. De Colombianen zijn weer een beetje terug op het niveau van de jaren tachtig,

met Lucho Herrera en Fabio Parra. Maar alleen Quintana is voorlopig kandidaat voor het podium. Betancur nog niet, hij is wat te licht. Misschien is hij wel meer een renner voor het eendagswerk. Net als zijn landgenoot Sergio Henao van Sky. Die werd vorig jaar zesde in de Amstel Goldrace, tweede in de Waalse Pijl. Goeie renners, maar ze moeten eerst een langere periode laten zien dat ze goed zijn. Pas dan gaan ze echt meedoen in het Tourklassement.

ALBERTO CONTADOR

BIOGRAFIE
Geboren Madrid, 6 december 1982
Ploeg Tinkoff-Saxo
Erelijst Parijs-Nice (2007), Ronde van Baskenland (2008), eindklassement Giro d'Italia (2008), eindklassement Vuelta a España en twee ritten (2008), Ronde van Baskenland (2009), eindklassement Giro d'Italia en drie ritten (2011)*, eindklassement Vuelta en rit (2012), eindklassement Tirreno-Adriatico en twee ritten (2014)
Tour de France 31e (2005), 1e en rit (2007), 1e en twee ritten (2009), gediskwalificeerd wegens doping (2010), 5e (2011)*, 4e (2013)

 BOOGERDS BLIK

Alberto Contador is goed begonnen dit seizoen. Hij is drie weken op hoogte geweest, op Tenerife, samen met Steven de Jongh. Manager Bjarne Riis heeft Steven vorig jaar niet voor niets als ploegleider gehaald van Sky. Daar heeft hij kunnen zien hoe er werd getraind door Bradley Wiggins en Chris Froome. Nu lijkt hij zich een beetje te ontfermen over Contador. Bij Tinkoff zijn ze zich ervan bewust dat je zeker zo

---

* Uit de uitslag geschrapt wegens later opgelegde schorsing

hard moet werken als de kopmannen van Sky. Als een renner dat kan opbrengen, kun je heel ver komen. Het zou leuk zijn als het zijn vruchten ging afwerpen met Contador, dat maakt de Tour een stuk spannender. Zeker als Quintana niet mocht rijden is Contador toch de renner die bergop iets kan forceren.

In elk geval hebben ze met Contador nu een duidelijke planning gemaakt. Na z'n eerste stage volgde een reeks wedstrijden: Tirreno-Adriatico, Baskenland, Catalonië. Dan weer een lange periode op hoogte, op Tenerife, om de Dauphiné voor te bereiden. De wedstrijden rijden om te scoren en verder te verbeteren. Zo deden Wiggins en Froome het de afgelopen jaren ook. Niet koersen om te trainen, maar altijd willen winnen of een korte uitslag rijden. En tot slot weer een periode op hoogte in de aanloop naar de Tour. Als Contador dit kan volhouden, moet hij verder kunnen komen dan vorig jaar. Toen vond ik hem beduidend minder, al eindigde hij nog als vierde.

Volgens Steven de Jongh heeft Contador vanaf het begin als een beest getraind. Hij stond scherper dan ooit, was heel fel. Hij is er echt mee bezig. Nog een keer alles op alles zetten voor de Tourzege. Als het dit jaar niet gebeurt, gaat het hem volgens mij niet meer lukken. Dan krijgen we definitief een wisseling van de wacht. Want Contador zal het hoge niveau van trainen en koersen geen jaren kunnen volhouden. Zeker niet als je ziet wat er aankomt, met Froome, Nibali en Quintana, die nog jaren voor zich hebben. Ik hoop dat hij dit jaar nog tot de ultieme prestaties kan komen die hij in het verleden leverde. Hij blijft een aantrekkelijke renner die onbesuisd kan koersen, een pact kan slaan met andere uitdagers. Zo kan hij het Froome nog lastig maken.

RUI COSTA

BIOGRAFIE
Geboren Agucadoura (Portugal), 5 oktober 1986
Ploeg Lampre-Medida
Erelijst Vierdaagse Duinkerken (2009), GP Montreal (2010), Ronde van Zwitserland (2012 en 2013), wereldkampioen (2013)
Tour de France opgave (2009), 72e (2010), 90e en rit (2011), 18e (2012), 27e en twee ritten (2013)

 BOOGERDS BLIK

Rui Costa zal het wel gaan proberen voor het klassement, al is hij in de Tour nog nooit kort geëindigd. Als wereldkampioen weet hij alle ogen op zich gericht. Dus is het uitgesloten dat hij net als vorig jaar twee ritjes kan winnen door zomaar weg te rijden. Dan moet hij bijna wel voor het klassement gaan, en daar krijgt hij bij Lampre alle ruimte voor. Als kopman kan Rui Costa in de Tour bij de top tien rijden. Zevende of achtste, schat ik.

Ze zeggen altijd dat er een vloek rust op de regenboogtrui, maar dat is meer iets van vroeger volgens mij. Dan wilde de wereldkampioen weleens minder goed uit de winter komen. Maar tegenwoordig gaan ze lang door en hebben ze in de winter haast geen pauze meer. Die gasten zakken daardoor niet ver meer terug in niveau. Kijk maar, alle toppers staan er bij de start van het seizoen goed voor. Rui Costa ook.

LAURENS TEN DAM

BIOGRAFIE
Geboren Zuidwolde, 13 november 1980
Ploeg Belkin
Erelijst La Marmotte (2003), 8e eindklassement Vuelta (2012)
Tour de France 22e (2008), 60e (2009), 58e (2011), 28e (2012), 13e (2013)

BOOGERDS BLIK

Laurens ten Dam is een aanklamper. Hij gaat weer zo lang mogelijk volgen en proberen een zo goed mogelijk klassement te rijden. Maar of hij nog een keer zo goed kan rijden als vorig jaar? Toen heeft hij echt huisgehouden in een paar bergritten en leek hij lang zeker van een plek in de top tien. Alles zat mee, ze kwamen met de ploeg in een flow. Alleen op het eind werd het toch wat minder. Ik zie hem dit jaar niet meteen top tien rijden.

In de Vuelta van 2012 is Ten Dam al eens achtste geworden, maar de Tour is nog iets anders. En hij heeft niet de leeftijd om veel verder te groeien. Na de Tour van vorig jaar is hij lang niet goed geweest, en je hoorde zeggen dat hij een slechte winter heeft gehad. Veel ziek geweest ook. Maar dan zie je hem in de eerste koersen toch weer meteen vrij aardig rijden. Hij zal er heus wel staan in de Tour. Stiekem mee sluipen naar een plek in de top vijftien, dat moet kunnen.

CADEL EVANS

BIOGRAFIE
Geboren Katherine (Australië), 14 februari 1977
Ploeg BMC RACING TEAM
Erelijst Ronde van Romandië (2006), WK weg (2009), Waalse Pijl (2010), puntenklassement Giro (2010), Tirreno-Adriatico (2011), Ronde van Romandië (2011), Critérium International (2012)
Tour de France 8e (2005), 4e (2006), 2e en ritwinst (2007), 2e (2008), 30e (2009), 26e (2010), 1e en ritwinst (2011), 7e (2012), 39e (2013)

 BOOGERDS BLIK

Net als ze Cadel Evans willen afschrijven, wint hij toch weer de lastigste rit in de Tour Down Under. Ik heb geen idee of hij nog ambitie heeft om een Tour te rijden voor het klassement. Het niveau van zijn beste jaren 2010 en 2011 zal hij sowieso niet meer halen. Op je 37ste verbeter je natuurlijk niet meer. Maar Evans weet als geen ander wat er bij een Tour komt kijken en koerst altijd attent. Vorig jaar werd hij toch nog derde in de Giro, al schat ik het niveau daar minder hoog in dan in de Tour. Wellicht kan Evans bij BMC van waarde zijn voor zijn jongere ploeggenoot Tejay van Garderen. Maar tegen de jonge mannen van nu kan hij zelf niet op.

CHRISTOPHER FROOME

BIOGRAFIE
Geboren Nairobi (Kenia), 20 mei 1985
Ploeg Sky
Erelijst rit in Vuelta (2011), rit in Tour (2012), olympisch brons tijdrit (2012), Critérium International (2013), Ronde van Romandië (2013), Critérium du Dauphiné (2013)
Tour de France 84e (2008), 2e en rit (2012), 1e en drie ritten (2013)

 BOOGERDS BLIK

Als Froome na zijn rugblessure van het voorjaar niet nog meer tegenkomt, wint hij de Tour opnieuw. Verleden jaar was hij zoveel beter dan de rest, bergop en ook in de tijdrit maakt hij zoveel verschil. Hij krijgt ook steeds meer ervaring, kijk maar hoe hij dit seizoen meteen weer superieur won in de Ronde van Oman. En daar reden serieuze renners mee, die allemaal wilden winnen. Je kunt niet zeggen dat Froome er van de winter met de pet naar heeft gegooid. Hij heeft daar gelijk een statement gemaakt.

Vorig jaar gaf ik aan dat Froome te pakken is op zijn manier van koersen. Dat kon je toen al zien in de Tirreno. Als je iets tegen hem wilt ondernemen, moet je voor het onverwachte kiezen. Kijk ook naar de waaierrit van vorig jaar. Daar komt Froome geïsoleerd te zitten en hij weet meteen niet meer wat hij moet doen. Dan is hij gewoon weg. Froome moet je op een onconventionele manier aanpakken. Niet wachten tot de laatste beklimming, maar op rare momenten attaqueren. Dat zal altijd zijn zwakke punt blijven.

In Engeland is de wielercultuur anders dan in Europa. Ze snappen wat minder van wielrennen dan de boefjes uit Italië, zo is het gewoon. Brailsford, de manager van Team Sky, is de Engelse versie van wat Harold Knebel was bij Rabobank. Een buitenstaander, die snapt gewoon niet hoe het wielrennen echt in elkaar zit. Geleidelijk aan zullen ze er wel beter in worden en erop gaan anticiperen. Kijk hoe Sky dit voorjaar gelijk begon met een zege van Ian Stannard in de Omloop Het Nieuwsblad. Dat zegt mij wel iets. Vorig jaar zag je ze niet in dat werk, en reden ze ook geen deuk in een pak boter in de grote klassiekers. Nu stonden ze er gelijk. Als ploeg hebben ze zichzelf toch weer verder ontwikkeld.

En als het echt lastig wordt, heeft Froome altijd nog Richie Porte bij zich. Zelf waarschijnlijk te licht om de Tour ooit te winnen, maar een heel sterke renner. Hij verslechtert tijdens de Tour niet, dat heeft hij de afgelopen twee jaar laten zien. Porte kan het eens een dagje laten lopen en er dan weer staan als Froome hem in de bergen echt nodig heeft. Hoewel, ik weet niet of hij iemand nodig heeft. Vorig jaar was zijn ploeg heel kwetsbaar, op het vlakke en in de eerste bergrit. En nog wint hij met overmacht. Dit jaar is het schema hem helemaal op het lijf geschreven, met op de voorlaatste dag een tijdrit als laatste kans om altijd nog iets recht te zetten.

Ik denk dat Froome er nog jaren zal staan in de Tour, dat zegt hij zelf ook steeds. Het zou me verbazen als hij ineens helemaal stilvalt, dan is er iets niet helemaal pluis geweest. Maar dat geloof ik niet. In het jaar dat Wiggins won, 2012, was Froome ook al zeer sterk. Kijk, het zijn allebei geen Armstrongs of Indurains. Wiggins was een winnaar op leeftijd, eenmalig. Maar

Froome acht ik zeker in staat om nog minimaal twee keer de Tour te winnen.

TEJAY VAN GARDEREN

BIOGRAFIE
Geboren Tacoma (vs), 12 augustus 1988
Ploeg BMC RACING TEAM
Erelijst Circuito Montanes (2009), rit Ronde van Colorado (2012), Ronde van Californië (2013), USA Pro Challenge (2013)
Tour de France 82e (2011), 5e en jongerenklassement (2012), 45e (2013)

 BOOGERDS BLIK

Tejay Van Garderen heeft in de Tour van vorig jaar niet goed gereden, terwijl hij in 2012 nog gold als de grote Amerikaanse belofte voor het klassement. Verschroeiende tijdritten, nooit lossen bergop. Je ziet dat wel vaker. Jonge gasten, die gelijk heel veel geld gaan verdienen omdat ze de belofte in zich hebben van een topper. Dan gaat het een tijdje minder en zie je ze nauwelijks nog. Iemand die verstand heeft van het menselijk lichaam zal begrijpen dat zoiets niet klopt.

Een jonge jongen moet op die leeftijd steeds groei doormaken, beter worden. Je kunt in een voorbereiding niet zulke grote fouten maken dat je daardoor niet beter wordt maar slechter. Je doet steeds dezelfde voorbereidingskoersen, trainingen. Hooguit kun je eens een tijdje ietsje minder zijn, maar niet ineens dertig procent. Dan is er iets anders aan de hand. Ik blijf erbij dat het bij veel van die jonge gasten mentaal is.

Blijkbaar zijn het de uitzonderingen die het wel aankunnen om op die leeftijd hun sport te blijven benaderen zoals het hoort. Die wel met de druk kunnen omgaan. Zoals een Contador dat jarenlang kon. Veel anderen die klasse hebben, zie je pas weer wat terugkomen als ze tegen de dertig raken. Op latere leeftijd ga je anders tegen het leven aankijken, heb je meer wijsheid en ervaring. Maar je bent eigenlijk een hoop jaren kwijtgeraakt. Je ziet dat zo vaak gebeuren. En het klopt niet.

ROBERT GESINK

BIOGRAFIE
Geboren Varsseveld (Nederland), 31 mei 1986
Ploeg Belkin
Erelijst Ronde van Emilië (2009), GP Cycliste Montreal (2010), Ronde van Emilië (2010), Ronde van Oman (2011), Ronde van Californië (2012), GP Quebec (2013)
Tour de France opgave (2009), 5e (2010), 33e (2011), opgave (2012), 26e (2013)

 BOOGERDS BLIK

Robert Gesink heeft aangegeven dat hij deze Tour weer voor het klassement wil gaan. Vorig jaar zette hij alles op de Giro, en kwam naar de Tour waar Bauke Mollema de kopman was. Maar of hij nu zelf zomaar weer een goed klassement kan neerzetten? Ik heb lang gedacht dat Gesink voor Nederland de man zou worden in de Tour. Als je in 2010 vijfde kunt worden, ben je echt wel sterk. In principe moet je dan nog altijd voor een top tien klassering kunnen gaan.

Zeker bergop heeft Gesink in het verleden een paar grote dingen laten zien. In 2010 had hij de rit naar Avoriaz zelfs kunnen winnen. En hij ging nergens op een hoop, reed in de laatste bergrit nog hard voor Mentsjov op kop op de Tourmalet, toen Contador vooraan met Andy Schleck bezig was. Maar ik heb de indruk dat Gesink de laatste jaren in het hooggebergte niet is verbeterd.

Als jonge renner kon hij met de allerbesten mee omhoog. Nu zie ik hem in de Ronde van Peking, waar hij goed in vorm moest zijn, een beetje hangen en wurgen. Zoals het er nu voorstaat is hij niet zomaar weer de klassementsrenner van weleer. De laatste jaren heeft hij niet echt meer gescoord in een grote ronde. Alleen in de Vuelta van 2012 was hij nog goed, zesde.

Gesink moet het wielrennen misschien iets anders gaan benaderen. Hij komt op een keerpunt. Het zit er gewoon nog in bij die jongen, anders kun je niet zomaar de Grand Prix Quebec op zo'n sterke manier winnen, wat hij vorig seizoen deed. Zo moet hij een keer beginnen in de Tour. Die vorm, die benadering, dat gevoel. En dan doortrekken. Ik zeg niet dat hij te licht is in zijn hoofd. Maar als ze dit jaar met hem alles op de Tour gaan zetten bij Belkin, gaat het misschien toch weer wankelen.

Hij had dit seizoen een aardige start in de Tour Down Under en Oman. Al vraag ik me dan wel weer af of het verstandig is om daar al goed te zijn. Hij kondigde meteen aan dat hij ook weer goed wilde zijn in de Ronde van Californië, die hij in 2012 won. Je mag als renner zulke prioriteiten stellen, ik vond het ook altijd leuk om Brabantse Pijl te rijden. Ik reed daar altijd goed. Bij Gesink ontstaat nu het gevoel dat het beter gaat als hij buiten Europa koerst, met wat minder druk.

Maar het eigenlijke doel blijft voor een renner met zijn kwaliteiten natuurlijk de Tour de France. Als Gesink daar heel goed wil zijn, is het niet heel verstandig om in mei in Californië al in topvorm te zijn. Maar het kan ook zo zijn dat hij daar goed rijdt en vervolgens als een soort schaduwkopman naar de Tour gaat. Laten we hopen dat Gesink met het goede gevoel aan de start komt. Dan kan hij nog steeds aardig uithalen en andere renners laten kraken.

ROMAN KREUZIGER

BIOGRAFIE

Geboren Moravska Toebová (Tsjechië), 6 mei 1986
Ploeg Tinkoff-Saxo
Erelijst Ronde van Zwitserland (2008), Ronde van Romandië (2009), jongerenklassement Giro (2011), rit Giro (2012), Amstel Goldrace (2013)
Tour de France 13e (2008), 9e (2009), 8e (2010), 112e (2011), 5e (2013)

 BOOGERDS BLIK

Verleden jaar heeft Kreuziger al een supertour gereden. Stabiel, heel zeker van zichzelf. Het ligt in de lijn der verwachtingen dat een renner op die leeftijd nog wat groei kan doormaken. Misschien had hij in 2013 al beter gekund als hij niet bij zijn kopman Contador had hoeven blijven. Aan de andere kant is de druk weg als je voor iemand anders moet rijden. Dan kun je vaak meer. Je moet even afwachten of hij nog steeds tot grote dingen in staat is als hij zelf daadwerkelijk wordt uitgespeeld als kopman. Als hij zijn topniveau haalt, kan hij dit jaar een podiumkandidaat worden. Misschien gaan ze bij Tinkoff nu wel meer naar de Tour werken met Kreuziger, en pakt hij zijn kans. Met Contador erbij hebben ze twee kandidaten voor het podium.

MICHAL KWIATKOWSKI

BIOGRAFIE

Geboren Dzyalin (Polen), 2 juni 1990
Ploeg Omega Pharma-Quick-Step
Erelijst Wereldkampioen ploegentijdrit (2013), Pools kampioen weg (2013), Ronde van Algarve (2014)
Tour de France 11e (2013)

BOOGERDS BLIK

Michal Kwiatkowski is een renner die in mijn ogen heel ver kan komen. Hij heeft in 2013 echt een topjaar gereden, kon bijna niet beter. Een echte alleskunner. Werd vierde in de Amstel Goldrace, vijfde in de Waalse Pijl. Gooide zich in de massasprints, zette Cavendish af, eindigde zelf ook nog eens als elfde in zijn eerste Tour. Was al goed in Tirreno, Vlaanderen, Luik. En op het WK reed hij nog sterk. De Polen zijn in opkomst. Bij Tinkoff-Saxo heb je Rafal Majka, die viel vorig jaar op in de Giro en de Vuelta. Hij werd ook derde in Lombardije, het zijn vaak sterke renners die daar nog goed zijn. Majka gaat zijn debuut maken in de Tour en zal niet meteen de wereld verbazen, denk ik. Maar in dienst van Contador en Kreuziger zal hij zeker positief opvallen. Kwiatkowski staat al een stap verder. Hij begon dit seizoen meteen goed met winst in de Algarve. Waarom zou hij in de Tour niet voor het klassement gaan? Al moeten ze die gozer bij Omega Pharma-Quick-Step misschien een beetje intomen. Keuzes maken, dan gaat hij in de klassiekers of de Tour nog meer laten zien dan vorig jaar.

DAN MARTIN

BIOGRAFIE
Geboren Birmingham, 20 augustus 1986
Ploeg Garmin-Sharp
Erelijst Route du Sud (2008), Iers kampioen weg (2008), Ronde van Polen (2010), rit Vuelta (2011), Ronde van Catalonië (2013), Luik-Bastenaken-Luik (2013)
Tour de France 35e (2012), 33e en rit (2013)

 BOOGERDS BLIK

Dan Martin is een gevaarlijke renner, maar heeft hij weleens een topklassement gereden? Ik herinner me een Vuelta van een paar jaar geleden, toen won hij een rit in de sprint bergop tegen Mollema. Niet de mooiste renner van het peloton, maar wel sterk. Eentje die ineens keihard kan uithalen. Heeft hij al een paar keer gedaan, zoals vorig jaar in Luik-Bastenaken-Luik en in de Tourrit naar Bagnères-de-Bigorre. Martin moet een toptienklassering kunnen rijden. Killer, pure afmaker.

BAUKE MOLLEMA

BIOGRAFIE
Geboren Groningen (Nederland), 26 november 1986
Ploeg Belkin
Erelijst puntenklassement Vuelta (2011), rit Ronde van Zwitserland (2013), rit Vuelta (2013)
Tour de France 70e (2011), opgave (2012), 6e (2013)

 ### BOOGERDS BLIK
'Bau' moet gaan bevestigen dit jaar. Hij heeft vorig jaar een supertour gehad, maar zal er nu achter komen hoe moeilijk het is om in de top vijf te eindigen. Als hij de rust kan bewaren en zijn ding kan doen, komt hij misschien weer ver. Maar het podium zal lastig worden, dat lukt hooguit als alles meezit. Hij is zijn seizoen goed begonnen, weet wat hij moet doen om goed te zijn in de Tour. Dan zou ik niet heel veel veranderen in de aanloop, alleen als blessures of valpartijen de voorbereiding verstoren.

Mollema moet gewoon de man zijn bij Belkin. Hij heeft nu even het voordeel, rijdt misschien iets beter bergop dan Gesink. Vorig jaar vond ik vooral ook zijn tijdrit vrij sterk. En hij was heel duidelijk naar de ploeg, dat vind ik bewonderenswaardig. Hij neemt het kopmanschap op zich, en kon daar in de Tour mee omgaan. Op het laatst was hij ziek, moe of allebei. Toen viel hij wat terug. Maar tot dat moment stond hij er elke dag.

Bij Gesink zag je de laatste jaren hoe moeilijk het is, als hij wordt uitgespeeld als de absolute kopman. Mollema heeft een wat ander karakter, hij is meer onverstoorbaar. Dat kan binnen de ploeg leuk tegen elkaar op gaan, zonder dat het haat en nijd hoeft te geven. Je hebt twee klassementsmannen, die aan elkaar gewaagd zijn. Je moet er alleen voor waken dat ze meer op elkaar gaan letten dan op de koers. Maar dat is aan hun coach Merijn Zeeman.

Mollema heeft met Lars Boom, Sep Vanmarcke en Maarten Wynants een aantal zeer waardevolle krachten in de ploeg, ook om door de wind te rijden. Voor hem hoeven de kasseien geen onoverkomelijk probleem te zijn, misschien is hij van de klassementsrenners wel de beste op dat terrein. Door zijn ploeg, maar ook omdat hij er zelf wel het type voor is. Toen hij overkwam naar de profs gooide hij zich er ook meteen tussen in massasprints. Dat tekent zijn karakter. Lef, of *grinta*, zoals de Italianen zeggen.

VINCENZO NIBALI

BIOGRAFIE
Geboren Messina (Italië), 14 november 1984
Ploeg Astana
Erelijst GP Ouest France Plouay (2006), rit Giro (2007), twee ritten Giro (2010), eindklassement en rit Vuelta (2010), rit Giro (2011), Tirreno-Adriatico (2012 en 2013), eindklassement en twee ritten Giro (2013), rit Vuelta (2013)
Tour de France 20e (2008), 7e (2009), 3e (2012)

 ### BOOGERDS BLIK
Terug in de Tour en voor mij de belangrijkste uitdager van Froome. Net als in 2012 had Vincenzo Nibali vorig jaar zeker op het podium gestaan. Sterke renner, de enige die het in 2012 kon opnemen tegen Wiggins en Froome. Maar hij koos vorig

jaar voor de combinatie Giro en Vuelta. De Giro won hij met overmacht, daar was niets op af te dingen. Maar in de Vuelta vond ik het nogal apart dat een renner als Nibali niet kon winnen van veteraan Chris Horner. Dan ga ik toch weer twijfelen of hij het dit jaar in de Tour wel kan opnemen tegen een absolute topper als Froome. Al is het natuurlijk ook weer niet slecht, in een jaar eerste in de Giro en tweede in de Vuelta.

Nibali is als Tourrenner nog jong, startte pas drie keer eerder. Er zit een goede lijn in zijn carrière. En hij stapte in 2012 niet voor niets over van Liquigas-Cannondale naar Astana. Hij is er de absolute kopman van een zeer solide ploeg. Janez Brajkovic en Jakob Fuglsang zijn jongens die zelf ook top tien kunnen rijden, bergop heel sterk. Daarbij hebben ze dit jaar ook nog eens routine in huis gehaald met Michele Scarponi. En ze hebben genoeg mannen die tempo kunnen maken op het vlakke, met ook Lieuwe Westra erbij.

Ik hoop dat Nibali zelf goed genoeg is om iets te laten zien. Bergop is hij sterk, zijn tijdrit is in de loop der jaren ook verbeterd. En zijn speciale kwaliteit blijft de afdaling. Vroeger heerste vaak de gedachte dat je elkaar niet aanviel in de afdaling. Maar in het huidige wielrennen wordt elk detail van het parcours vooraf verkend, iedereen zoekt uit waar zijn mogelijkheden liggen. Dan zal het ook een keer gebeuren dat iemand de boel beslist met een aanval in een afdaling. Nibali rijdt natuurlijk als een gek naar beneden, kijk naar het WK van vorig jaar in Florence. Al begint hij nu weleens te vallen. Maar daar is Froome te pakken, zeker als het een dag spookt in de Pyreneeën, met regen en valpartijen.

THIBAUT PINOT

BIOGRAFIE
Geboren Mélisey (Frankrijk), 29 mei 1990
Ploeg FDJ
Erelijst Ronde van de Elzas (2011), Wielerweek Lombardije (2011)
Tour de France 10e en rit (2012), opgave (2013)

 BOOGERDS BLIK

De hoop van de Fransen heet dit jaar Thibaut Pinot. Pas 23 jaar en intrinsiek een betere renner dan de meer bekende Pierre Rolland. Pinot is een echte klassementsrenner. Dat liet hij al zien in 2012, toen hij tiende werd in Parijs en een rit won. Zelden opvallend, altijd van voren. Afgelopen jaar had hij iets raars in een afdaling in de Pyreneeën, waar hij 25 minuten verloor en in huilen uitbarstte aan de finish. Van de winter ging hij autoracen om van zijn angst voor het dalen af te komen. Maar zo slecht was hij ook weer niet, want na zijn mislukte Tour was hij vorig jaar in de Vuelta zevende. Regelmaat is zijn kracht. Een renner die top tien waardig is in de Tour.

RICHIE PORTE

BIOGRAFIE
Geboren Launceston (Australië), 30 januari 1985
Ploeg Sky
Erelijst Jongerenklassement Giro (2010), Parijs-Nice (2013)
Tour de France 70e (2011), 34e (2012), 19e (2013)

 BOOGERDS BLIK

Richie Porte zit een beetje gevangen, in dienst van Froome. Als Sky alles onder controle heeft, kunnen ze proberen een en twee te worden. Zoals Wiggins en Froome in 2012. Al heb je

dan het risico van spanningen binnen de ploeg. Als Porte afgelopen jaar geen offday had gekend in de eerste bergrit, was
hij tweede geworden. Hij moet podium kunnen rijden, zeker
als hij niet uit zijn pijp hoeft te komen voor Froome. Al zegt
Geert Leinders, die tot vorig seizoen als ploegarts bij Sky
werkte, dat Porte in een grote ronde altijd een mindere dag zal
blijven tegenkomen. Brave gast, maar net te licht, volgens
Leinders. Froome niet. Die heeft er wel een motor in.

NAIRO QUINTANA

BIOGRAFIE
Geboren Cómbita (Colombia), 4 februari 1990
Ploeg Movistar
Erelijst Ronde van de Toekomst (2010), Ronde van Mur-
cia (2012), Route du Sud (2012), Ronde van Emilië (2012),
rit Vuelta (2012), Ronde van het Baskenland (2013), Ronde
van San Luis (2014)
Tour de France 2e, rit, berg- en jongerenklassement (2013)

BOOGERDS BLIK
Ik lees overal dat Quintana de Tour dit jaar niet gaat rijden,
maar dat hij voor de Giro kiest. Ik zou het echt dom vinden
als ze bij Movistar Quintana thuislaten. Dat zou voor de Tour
niet leuk zijn. Dan gaat het niveau van de wedstrijd meteen
omlaag, zeker in de lastige ritten. Ik zie niemand die bergop
voor zoveel spektakel kan zorgen. Helemaal als Joaquim Rodríguez ook niet meedoet, wat hij al heeft aangekondigd. Dan
wordt het in de bergen snel minder allemaal. Ik snap die mannen niet. Misschien zitten ze met die slottijdrit in hun hoofd,
waar ze een hoop tijd denken te verliezen. Maar tot het zover
is, kunnen ze op dit parcours juist genoeg spektakel maken. Ik
hoop dat ze op hun beslissing terugkomen. En anders gaan
we Quintana de komende jaren zeker nog zien.

ANDY SCHLECK

BIOGRAFIE

Geboren Luxemburg, 10 juni 1987
Ploeg Trek Factory Racing
Erelijst Jongerenklassement Giro (2007), Luik-Bastenaken-Luik (2009)
Tour de France 12e en witte trui (2008), 2e en witte trui (2009) 2e en twee ritten en witte trui (2010)*, 2e en rit (2011), 20e (2013)

FRÄNK SCHLECK

BIOGRAFIE

Geboren Luxemburg, 15 april 1980
Ploeg Trek Factory Racing
Erelijst Amstel Goldrace (2006), Ronde van Emilië (2007), Ronde van Zwitserland (2010), Critérium International (2011)
Tour de France 10e en rit (2006), 17e (2007), 6e (2008), 5e en rit (2009), opgave (2010), 3e (2011), opgave (2012)

 BOOGERDS BLIK

Andy Schleck gaat het niet meer doen in de Tour de France, en ook zijn oudere broer Fränk niet. Ze zullen zich in de pers misschien nog roeren in de aanloop. Fränk keert terug na een schorsing, de broers zijn weer herenigd. Maar in de koers gaan ze de wereld waarschijnlijk niet meer verbazen. Het is nog een tweetal uit de *old school* van het wielrennen. Naar mijn mening kunnen we beter een beetje stilletjes afscheid nemen. Ze hebben mooie dingen laten zien in de Tour. Fränk won onder meer een rit in 2006 op Alpe d'Huez, Andy kreeg de Tour van 2010 op zijn naam en behaalde een fraaie ritzege

---

* Na diskwalificatie van Alberto Contador uitgeroepen tot eindwinnaar

op de Galibier in 2011. Maar ik denk dat de broers hun beste tijd gehad hebben.

ANDREW TALANSKY

BIOGRAFIE
Geboren Miami (vs), 23 november 1988
Ploeg Garmin-Sharp
Erelijst Ronde van Ain (2012), jongerenklassement en rit Parijs-Nice (2013)
Tour de France 10e (2013)

 BOOGERDS BLIK
Andrew Talansky was vorig jaar heel goed in Parijs-Nice, en eindigde als tiende in de Tour. In 2012 was hij al zevende in de Vuelta. Dan maak je snel naam. Ze geven er hoog van op, ook bij zijn ploeg Garmin-Sharp. Groot talent enzo. Maar zulk soort jongens wordt volgens mij te vroeg gebracht als toekomstig podiumkandidaat. En als je te jong dat predicaat krijgt, bestaat het gevaar dat je de basis verwaarloost. Kijk maar wat er met Tejay van Garderen is gebeurd.

RIGOBERTO URÁN

BIOGRAFIE
Geboren Urrao (Colombia), 26 januari 1987
Ploeg Omega Pharma-Quick-Step
Erelijst Jongerenklassement Giro (2012), olympisch zilver wegwedstrijd (2012), Ronde van Piemonte (2012), twee ritten Giro (2013)
Tour de France 52e (2009), 24e (2011)

BOOGERDS BLIK

Rigoberto Urán moet met Michal Kwiatkowski de kar trekken voor het klassement bij de ploeg van Patrick Lefevere. Hij komt van Sky, goede aanwinst wel. Maar volgens mij is hij net te licht voor het Tourpodium, alleen al door de extra druk die er bij komt kijken. Ik zie in hem voorlopig meer iemand voor de kleinere rondjes. En misschien zou het in de Giro of Vuelta ook kunnen. Maar in de Tour voor een klassement rijden, is iets heel anders dan in de Giro. En ook daar heeft hij zich vorig jaar nog niet bewezen. Hij moest toen wachten op Wiggins, terwijl hij zelf goed stond in het klassement. Als je echt zeker van jezelf bent, doe je dat niet. Dan overleg je met de ploeg en ga je voor eigen kans. Urán heeft geluk dat ze ook Cavendish hebben, die zal blikvanger zijn. Dan kan hij misschien groeien in de schaduw. Maar hij heeft helemaal nog geen bagage om het Froome in een Tour lastig te gaan maken.

ALEJANDRO VALVERDE

BIOGRAFIE

Geboren Las Llumbreras (Spanje), 25 april 1980
Ploeg Movistar
Erelijst twee ritten Vuelta (2003), rit Vuelta (2004), Luik-Bastenaken-Luik (2006), Waalse Pijl (2006), rit Vuelta (2006), Luik-Bastenaken-Luik (2008), Dauphiné Libéré (2008), Spaans kampioen weg (2008), Clasica San Sebastián (2008), rit Vuelta (2008), Dauphiné Libéré (2009), Vuelta a España (2009), 2e en drie ritten Vuelta (2012), puntenklassement Vuelta (2012 en 2013), Ruta del Sol (2013 en 2014), Ronde van Murcia (2014)
Tour de France rit en opgave (2005), opgave (2006), 6e (2007), 9e en twee ritten (2008), 20e en rit (2012), 8e (2013)

BOOGERDS BLIK

Als ploeg was Movistar in de Tour van 2013 zonder meer de beste. Maar zonder een kopman als Quintana wordt het Froome nu wel makkelijker gemaakt. En wereldkampioen Rui Costa is weg, dat is ook een aderlating. Ze hebben aangekondigd met Alejandro Valverde als kopman te starten. Maar van hem gaat het niet meer komen, denk ik. Vorig jaar werd hij een week voor het wk in Florence, waar hij veel van verwachtte, in de Vuelta gelost door de oude Chris Horner. Dan geloof ik niet dat diezelfde renner het dit jaar Froome nog heel lastig kan maken in de Tour de France. Dat zou tegen alle logica in gaan.

Al blijft Valverde een superklasbak natuurlijk. Als hij in die waaierrit geen grote achterstand oploopt, rijdt hij vorig jaar gewoon nog op het podium in de Tour. En kijk naar de rest van zijn seizoen, hij is overal goed. Voorjaar, Dauphiné, Tour, Vuelta, wk, Lombardije. Daar kan niemand iets op aanmerken. En dit jaar begint hij gewoon weer met het winnen van Murcia en de Ruta del Sol. Maar hij is wel weer een jaar ouder, 34, normaal gesproken verbeter je op zo'n leeftijd niet meer. Als Valverde wat wil, moet hij bondgenoten zoeken. Met Nibali heb je er nu een man bij die durft te koersen. Als Movistar daarin meegaat, kun je nog een onvoorspelbare Tour krijgen.

JURGEN VAN DEN BROECK

BIOGRAFIE
Geboren Herenthals (België), 1 februari 1983
Ploeg Lotto-Belisol
Erelijst rit Dauphiné Libéré (2011)
Tour de France 15e (2009), 4e (2010), opgave (2011), 4e (2012), opgave (2013)

BOOGERDS BLIK

Over Jurgen Van den Broeck ben ik de vorige twee edities van dit boek laaiend enthousiast geweest. Hij is twee keer vierde geëindigd in Parijs. Ook dit jaar zal hij weer alles op de Tour zetten, hij heeft zijn hele leven niet anders gedaan. Maar Jurgen wordt ouder. En eigenlijk is zijn erelijst wel heel erg beperkt. Wat heeft hij verder gepresteerd? Een ritje gewonnen in de Dauphiné. Maar hij heeft zich nooit een keer vol gegeven in Parijs-Nice of de Tirreno. Of win eens de Ronde van Catalonië of zo. En waarom doet hij nooit echt goed mee in Luik-Bastenaken-Luik? Dat moet hij wel aankunnen.

Als je het mentaal niet kunt opbrengen om in het voor- en najaar ook goed te zijn, zul je waarschijnlijk altijd tekort blijven komen in de Tour. Zeker nu hij vorig jaar uitviel met een zware knieblessure. Na die Tour heeft hij vorig jaar niets fatsoenlijks meer gereden. En elke renner heeft uitslagen nodig. Een heel jaar eruit, dan ben je niet zomaar in een keer op het hoogste niveau terug. Al heeft hij wel aangetoond dat hij goed kan zijn als hij zich helemaal op de Tour mag richten. Maar het podium zal voor hem te hoog gegrepen blijven. Ik denk dat Van den Broeck veel heeft laten liggen in zijn carrière en dat hij zijn beste tijd misschien al heeft gehad.

FAVORIETEN GROENE TRUI

 BOOGERDS BLIK

De groene trui is de belangrijkste trui na het geel. Hij heeft meer aanzien dan de bergtrui, die gaat vaak naar een renner die een keer mee zit met een lange ontsnapping en dan kiest om voor de bollen te gaan. Ik zou niet eens alle winnaars van de bergtrui weten van de laatste jaren, alleen Nairo Quintana, die vorig jaar won. Terwijl ik de winnaars van het groen zo kan opnoemen.

In het puntenklassement zie je elk jaar strijd tussen renners van naam. Kijk de erelijst maar na. Het is altijd een kampioen die het groen wint, nooit een verrassing. Je hebt de renners die een paar massasprints winnen, zoals een Robbie McEwen, Alessandro Petacchi of Mark Cavendish. En je hebt jongens die meer allround zijn, zoals de laatste jaren Óscar Freire, Thor Hushovd of Peter Sagan.

Ook dit jaar zou ik die trui alvast bestellen in de maat van Sagan. Als je ziet hoe gemakkelijk hij de afgelopen twee jaar won, is dat geen gewaagde voorspelling. Sagan tegen de sprinters Cavendish, Greipel en Kittel, dat wordt de strijd om het groen. Wat hebben we aan jonge spurters? De Fransman Nacer Bouhanni? Die is nog te licht ten opzichte van de grote mannen. Alain Gallopin vind ik een goede renner, die vaak mee zit of meesprint. Maar ook te licht, al kan hij een keer een rit winnen. Simon Gerrans en Daryl Impey komen tekort in de echte massaspurts en als het zwaarder wordt, stuiten ze op

Sagan. Voor Nederland zou Theo Bos moeten meedoen, die heeft alle topsprinters al een keer verslagen in kleinere rondjes. Het parcours, met een vlakke eerste week, is hem op het lijf geschreven. Zijn jonge ploeggenoot Moreno Hofland heeft in Parijs-Nice ook al serieuze sprinters verslagen. En anders moeten we wachten op de Van Poppeltjes, Danny en Boy, die het vorig jaar aardig deden.

De laatste Nederlandse winnaar van de groene trui is hun vader, Jean-Paul van Poppel. Een geweldige sprinter, die in 1987 de puntentrui pakte in de Superconfexploeg van Jan Raas, met hulp van jongens als Gert Jakobs, Jelle Nijdam, Maarten Ducrot, Gerrit Solleveld en Nico Verhoeven. Het jaar erop pakte hij vier ritten in een Tour, waaronder die mooie sprint op de Champs-Élysées tegen Guido Bontempi, 'de Buffel'. Maar de groene trui ging dat jaar naar de Belg Eddy Planckaert.

Jan Janssen won het groen drie keer in de jaren zestig, Jan Raas had het gekund maar heeft bijna nooit de Tour uitgereden. In de jaren zeventig en tachtig reden de Nederlandse renners wel regelmatig in de groene trui, herinner ik me. Zat ik thuis voor de tv, met mijn ouders en mijn broer, en dan zag je Gerben Karstens, Jan Raas of Gerrie Knetemann in het groen. Dat had wel wat. En Joop Zoetemelk heeft in 1979 nog eens in het groen gereden op de Champs-Élysées. Samen op kop met Bernard Hinault, die het geel droeg. Hinault stond in allebei de klassementen bovenaan, Joop tweede.

In de Vuelta zie je het ook vaak, klassementstoppers in de puntentrui. Andere puntentelling, ander parcours, dus andere renners in de groene trui. Er zijn ook minder sprinters daar. Vaak zie je dan mannen van het klassement ook echt voor het groen strijden. Bauke Mollema won het groen in de Vuelta van 2011. In de Tour is het echt een sprinttrui, dat vind ik ook leuker. Beter een sprinter die het groen wint dan een renner als Vincenzo Nibali ofzo.

Maarten Ducrot twitterde na de presentatie van het Tourschema van 2013 dat Mollema voor het groen zou kunnen gaan, als hij zijn vorm van de Vuelta 2011 kon benaderen. Omdat hij daar de puntentrui had gepakt. Volgens mij had Ducrot toen een fles wijn op. Dan hoop ik toch liever dat Mollema straks zijn Tourvorm van 2013 heeft. Daar komt hij deze Tour veel verder mee, voor het algemeen klassement.

MARK CAVENDISH

BIOGRAFIE
Geboren Douglas Man (Groot-Brittannië), 21 mei 1985
Ploeg Omega Pharma-Quick-Step
Erelijst WK baan koppelkoers (2005), Scheldeprijs (2007), WK baan koppelkoers (2008), Scheldeprijs (2008), twee ritten Giro (2008), Milaan-San Remo (2009), vier ritten Giro (2009), vier ritten en puntenklassement Vuelta (2010), Scheldeprijs (2011), drie ritten Giro (2011), WK weg (2011), Kuurne-Brussel-Kuurne (2012), drie ritten Giro (2012), vijf ritten en puntenklassement Giro (2013), nationaal kampioen weg (2013), rit Tirreno-Adriatico
Tour de France opgave (2007), vier ritten en opgave (2008), 131e en zes ritten (2009), 154e en vijf ritten (2010), 130e en vijf ritten en groene trui (2011), 143e en drie ritten (2012), 148e en twee ritten (2013)

 BOOGERDS BLIK
Tourstart in Engeland, dat betekent dat alle ogen gericht zijn op Mark Cavendish. Intussen wint hij alweer zes jaar op rij meerdere ritten in de Tour. In 2012 was hij niet tevreden met drie ritzeges bij Sky, dat zich meer op het klassement richtte met Wiggins en Froome. Dus hij vertrok naar Omega Pharma-Quick-Step van Patrick Lefevere. Maar vorig jaar kwam hij niet verder dan twee ritten. Ze hadden wat pech, en werden in de massasprints overklast door de trein van Argos-Shimano met Marcel Kittel.

Toch hebben ze een geweldige ploeg, ik ben een fan. Zo'n Tony Martin is niet voor niets wereldkampioen tijdrijden. Die kun je gerust even tien kilometer op kop laten beuken in de finale. Dan mag hij in de tijdritten voor eigen kans gaan. Cavendish heeft goede piloten, met nu ook Mark Renshaw er weer bij. Daar haalde hij grote successen mee in zijn jaren bij HTC Highroad. Tom Boonen zou de ploeg nog sterker maken. Kan heel hard fietsen, rap spurten én is een autoriteit in het peloton. Die gaan jonge gasten in een massasprint niet zomaar opzijzetten. Als hij wil, zou ik hem zeker meenemen.

Voor Cavendish, en ook voor zijn concurrent André Greipel, wordt dit een belangrijk jaar. Als die jongens deze Tour niet echt hun stempel kunnen drukken op de massasprints, zoals in de jaren hiervoor, gaat het nooit meer gebeuren. Dan zijn de jonge mannen er voorbij. Marcel Kittel als eerste, die is na zijn vier ritzeges van vorig jaar de grote man. De eerste week wordt voor de pure sprinters heel belangrijk. Daar kunnen ze in de strijd om het groen voorsprong pakken op Peter Sagan. Cavendish rijdt de eerste drie ritten in eigen land, hij kondigde eind vorig seizoen al aan dat hij het erop heeft staan. En dan zijn er nog altijd niet veel renners sneller.

JOHN DEGENKOLB

BIOGRAFIE
Geboren Gera (Duitsland), 9 januari 1989
Ploeg Giant-Shimano
Erelijst twee ritten Tour de l'Avenir (2010), twee ritten Dauphiné Libéré (2011), twee ritten en eindklassement Tour de Picardie (2012), vijf ritten Vuelta (2012), rit Giro (2013), Vattenfall Cyclassics (2013), Parijs-Tours (2013), drie ritten Ronde Middellandse Zee (2014), rit Parijs-Nice (2014)
Tour de France 121e (2013)

BOOGERDS BLIK

John Degenkolb had een goed einde van het vorig seizoen, reed zelfs een fatsoenlijk WK. Hij is rap, maar ik denk dat hij nog tekortkomt voor de massasprints in de Tour. Als het echte geweld op gang komt, zie ik hem er niet bij. Hij kan een Greipel wel kloppen in een rechtstreeks duel in de Vattenfall Cy-classics, of de sprint van een kleine groep winnen in de klas-sieker Parijs-Tours. Maar dat is 200-plus kilometers, met wat klimmen erbij. En dus anders dan ritten in een grote ronde.

Natuurlijk, in de Vuelta van 2012 won hij wel vijf keer. Maar daar reden toen geen sprinters. En in de Tour is het ni-veau nog wel wat hoger dan in de Vuelta. Vorig jaar werd De-genkolb er ook een paar keer afgereden in de Tour. Daar komt bij dat hij te belangrijk is in de trein voor Kittel, die in zijn ploeg duidelijk de nummer een is. Ze gaan Degenkolb niet voor eigen kans laten rijden, groen zal voor hem geen doel op zich worden. Die keuze zullen ze alleen maken als er iets ge-beurt met Kittel. En dan kan Degenkolb voor het groen best een eind komen. Al zal hij tegen Sagan altijd tekortschieten.

ANDRÉ GREIPEL

BIOGRAFIE
Geboren Rostock (Duitsland), 16 juli 1982
Ploeg Lotto-Belisol
Erelijst vier ritten en eindklassement Tour Down Under (2008), rit Giro (2008), vier ritten en puntenklassement Vuel-ta (2009), drie ritten en eindklassement Tour Down Under (2010), rit Giro (2010), drie ritten Tour Down Under (2012), drie ritten Tour Down Under (2013), Duits kampioen weg (2013), Brussels Cycling Classic (2013), twee ritten Tour Down Under (2014), rit Ronde van Qatar (2014), drie ritten Ronde van Oman (2014)
Tour de France 156e en rit (2011), 123e en drie ritzeges (2012), 129e en rit (2013)

BOOGERDS BLIK

André Greipel is de laatste jaren meer allround geworden, hij kan nu ook meedoen in de Vlaamse klassiekers. Je ziet dan vaak dat de pure snelheid in de massasprint wat afvlakt, maar bij hem lijkt dat niet zo. Begin dit seizoen won hij meteen weer ritten aan de lopende band. Je zou zeggen dat hij voor het groen kan gaan, maar bergop zal het te zwaar zijn voor hem. Vorig jaar gingen de sprinters echt nog wel voor groen, net als in 2012. Maar op Sagan staat gewoon geen maat. Die bemoeit zich een paar keer met de tussensprints, pakt een sloot punten en het is klaar.

Je ziet dan op een gegeven moment dat de pure sprinters zich niet meer gaan mengen in de tussensprints en alles zetten op de ritzege. Dan maar geen groene trui. Kittel deed dat vorig jaar meteen al. Greipel en Cavendish hadden nog wel lang moed en moraal voor die trui. Dat zal dit jaar minder zijn. Ze voelen ergens dat ze toch geen kans hebben tegen Sagan. En ze zien Kittel alles richten op de eindsprint en vier ritten winnen. Grote kans dat een renner als Greipel nu ook voor die tactiek zal kiezen. En als je er vier wint, kom je toch nog tekort in het puntenklassement.

MARCEL KITTEL

BIOGRAFIE
Geboren Arnstad (Duitsland), 11 mei 1988
Ploeg Giant-Shimano
Erelijst wk tijdrijden beloften (2010), vier ritten Vierdaagse van Duinkerken (2011), vier ritten Ronde van Polen (2011), rit Vuelta (2011), Scheldeprijs (2012), twee ritten Eneco Tour (2012), rit Parijs-Nice (2013), Scheldeprijs (2013), drie ritten Ronde van Dubai (2014)
Tour de France opgave (2012), 166e en vier ritten (2013)

BOOGERDS BLIK

Marcel Kittel lijkt de man te zijn voor de massasprints. Hij is jong, aankomend, heeft vorig jaar vier ritten gewonnen in de Tour. Maar hoe gaat hij daar in z'n kop mee om? Bergop is hij iets verbeterd, maar tegen Sagan kan hij niet op. Het groen moet geen doel zijn, het draait om de sprints. Maar hij zal nu niet tevreden zijn met een rit in de Tour, en zal ook externe druk voelen. Ik weet niet hoe zijn ploeg daarmee omgaat.

Giant-Shimano koerst al jaren heel duidelijk met bepaalde doelen. Ze hebben een superjaar gehad, maar dat gaat niet weer zomaar gebeuren. Kittel in de Tour, Warren Barguil wint twee ritten in de Vuelta, Degenkolb is goed in het najaar en wint twee grote koersen. Als het goed is weten ze nog steeds waar het echt om draait: goed zijn in de Tour. Klaar. En dan is Kittel gewoon hun man. Duidelijk. Op meer paarden moeten ze niet wedden.

Vorig jaar zat het goed in elkaar. Het liep gelijk lekker, dat helpt. Als ik puur kijk naar de eigenschappen van de renners, zijn ze kwalitatief iets minder dan andere ploegen. Maar ze konden toch goed controleren en de spurt voorbereiden. Of was dat de zwakte van andere ploegen? Omega Pharma-Quick-Step is dingen tegengekomen en was nooit zo georganiseerd als ze kunnen zijn. Lotto-Belisol was helemaal gehavend. Wat zal het zijn met de ploeg van Kittel als ze tegen twee geoliede machines komen te staan? Ik kijk ernaar uit.

PETER SAGAN

BIOGRAFIE
Geboren Zilina (Slowakije), 26 januari 1990
Ploeg Cannondale
Erelijst Slowaaks kampioen weg (2011), twee ritten en eindklassement Ronde van Polen (2011), drie ritten Vuelta (2011), vijf ritten Ronde van Californië (2012), vier ritten Ronde van

Zwitserland (2012), Slowaaks kampioen weg (2012), twee ritten Tirreno (2013), Gent-Wevelgem (2013), Brabantse Pijl (2013), twee ritten Ronde van Zwitserland (2013), Slowaaks kampioen weg (2013), vier ritten USA Pro Cycling Challenge (2013), GP Montreal (2013), rit Ronde van Oman (2014), rit Tirreno-Adriatico (2014)

Tour de France 43e, drie ritten en groene trui (2012), 82e, rit en groene trui (2013)

BOOGERDS BLIK

Peter Sagan is geen normale. Je ziet nog wel dat hij jong is. Op het WK in Florence kwam hij vorig jaar echt nog tekort. Maar in een grote ronde, waar de ritten geen uitputtingsslagen zijn als in een lange klassieker, gaat hij niet slechter worden. Hij zal in de loop der jaren zeker nog meer body krijgen. Misschien vlakt dan zijn sprint wat af. Maar de komende jaren wordt hij een kwaaie voor de klassiekers.

In de Tour wil hij misschien wel recordhouder groene truien worden. Erik Zabel heeft er zes, Seán Kelly vier. Maar Sagan komt eraan, hij kan zijn derde pakken. Vorig jaar was hij veruit de beste, met een straatlengte voorsprong. Ik zie in hem wel een type als vroeger Freddy Maertens, die drie keer het groen had in Parijs. Vier, vijf ritten winnen in een ronde is voor Sagan geen probleem. Een beetje zoals Maertens in 1976 acht ritten won in de Tour of een jaar later dertien in de Vuelta.

Misschien is het voor Sagan moeilijk om een massasprint te winnen tegen Cavendish, Greipel of Kittel. Maar een tweede, derde of vierde plaats is voor hem altijd mogelijk. Hij is ook sterk genoeg om onderweg voluit te gaan in de tussensprints. Zo zal hij veel punten pakken. Sagan rijdt ook makkelijk over de keien, is een goochelaar op de fiets. Hij lijkt me zo'n mannetje dat het juist in zo'n rit naar Arenberg een keer volledig uit elkaar trekt. Om even te laten zien dat hij ook over keien kan rijden.

In de Vogezen zal Sagan een keer een tweede categorie overleven en een spurtje winnen. De mannen van Cannondale zullen er speciaal voor koersen, zoals ze afgelopen jaar ook deden. Dan maken ze de koers zo hard, dat alleen Sagan het van de sprinters kan overleven. Greipel, Cavendish en Kittel gaan het sowieso niet tegen hem redden als je ziet hoeveel bergen er in deze Tour zitten. Veel van die listige ritjes met een klim erin, ook rond de Alpen en Pyreneeën. Als Sagan zich even boos maakt, gaat hij daar extra punten pakken. Terwijl de echte sprinters ook weleens flink gelost zullen worden.

FAVORIETEN BOLLETJESTRUI

 BOOGERDS BLIK

De strijd om de bollentrui is de laatste jaren vaak een tactisch steekspel geweest. Vroeg meezitten in een van de eerste bergritten en de dagen daarna zorgen dat je steeds op de eerste cols je punten gaat halen, zo deed bijvoorbeeld Laurent Jalabert het in 2001 en 2002. Na hem kreeg je Richard Virenque, die het ook twee keer zo deed. Maar de winnaars van het bergklassement werden met deze manier van koersen steeds minder aansprekend. Van sommige Tours herinner ik me niet eens meer wie de bolletjestrui had.

Omdat je tegenwoordig dubbele punten krijgt op de laatste col, stond Chris Froome vorig jaar lang aan de leiding in het bergklassement. Maar hij had al geel aan, dus werd de bollentrui gedragen door renners als Pierre Rolland, Mikel Nieve en Christophe Riblon, de nummers twee. Gelukkig pakte de Colombiaanse klimgeit Nairo Quintana in de laatste bergrit nog genoeg punten om de trui over te nemen. Toch nog een aansprekende winnaar. Maar het blijft onvoorspelbaar, wie de kanshebbers zijn voor de bergtrui. Om echt te weten wie het hardst bergop rijdt, moet je kijken naar het vermogen dat een renner trapt per kilogram lichaamsgewicht. Hier een overzicht van lengte en gewicht van de beste klimmers.

RENNER (LAND, PLOEG)	LENGTE (M)	GEWICHT (KG)
Carlos Alberto Betancur (Colombia, AG2R La Mondiale)	1.67	60
Domenico Pozzovivo (Italië, AG2R La Mondiale)	1.65	53
Jacob Fuglsang (Denemarken, Astana)	1.82	68
Vincenzo Nibali (Italië, Astana)	1.80	64
Michele Scarponi (Italië, Astana)	1.74	63
Robert Gesink (Nederland, Belkin)	1.87	70
Bauke Mollema (Nederland, Belkin)	1.81	64
Laurens ten Dam (Nederland, Belkin)	1.84	67
Yannick Eysen (België, BMC)	1.74	60
Cadel Evans (Australië, BMC)	1.74	64
Tejay van Garderen (VS, BMC)	1.86	72
Damiano Caruso (Italië, Cannondale)	1.78	65
Alessandro de Marchi (Italië, Cannondale)	1.81	60
Pierre Rolland (Frankrijk, Europcar)	1.84	67
Thomas Voeckler (Frankrijk, Europcar)	1.74	71
Kenny Élissonde (Frankrijk, FDJ.fr)	1.59	52
Arnold Jeannesson (Frankrijk, FDJ.fr)	1.82	63
Thibaut Pinot (Frankrijk, FDJ.fr)	1.80	63
Thomas Danielson (VS, Garmin)	1.77	58
Daniel Martin (Ierland, Garmin)	1.76	62
Andrew Talansky (VS, Garmin)	1.75	63
Warren Barguil (Frankrijk, Giant)	1.83	60
Daniel Moreno (Spanje, Katusha)	1.73	59
Joaquim Rodríguez (Spanje, Katusha)	1.69	57
Rui Costa (Portugal, Lampre)	1.83	68
Przemyslav Niemec (Polen, Lampre)	1.84	64
Jurgen Van den Broeck (België, Lotto)	1.85	69
Jelle Vanendert (België, Lotto)	1.84	65
Nairo Quintana (Colombia, Movistar)	1.67	59
Alejandro Valverde (Spanje, Movistar)	1.78	61
John Gadret (Frankrijk, Movistar)	1.70	58
Michal Kwiatkowski (Polen, Omega Pharma)	1.76	68

Rigoberto Urán (Colombia, Omega Pharma)	1.73	63
Simon Clarke (Australië, Orica)	1.75	63
Pieter Weening (Nederland, Orica)	1.86	66
Chris Froome (Groot-Brittannië, Sky)	1.86	69
Luis Henao (Colombia, Sky)	1.69	61
Richie Porte (Australië, Sky)	1.72	62
Alberto Contador (Spanje, Tinkoff)	1.76	62
Roman Kreuziger (Tsjechië, Tinkoff)	1.83	70
Andy Schleck (Luxemburg, Trek)	1.86	67
Fränk Schleck (Luxemburg, Trek)	1.86	67
Daniel Navarro (Spanje, Cofidis)	1.75	61
Rein Taaremae (Estland, Cofidis)	1.86	70
Tiago Machado (Portugal, Netapp)	1.78	63

(Gegevens: Velo Magazine, *februari 2014)*

PLOEGEN

AG2R-LA MONDIALE (ALM)

ACHTERGROND
Land Frankrijk
Sponsor Verzekeringsmaatschappij
Fiets Focus
Ploegleiding Vincent Lavenu (manager), Gilles Mas, Artūras
Kasputis, Julien Jurdie, Laurent Biondi, Didier Jannel (ploeg-
leiders)
UCI-ranking 2013 12
Renners 30 (8 nationaliteiten)
Website www.cyclisme.ag2rlamondiale.fr

 BOOGERDS BLIK

AG2R heeft altijd wel een renner die meedoet voor het klassement, Jean-Christophe Péraud bijvoorbeeld. Hij was in 2010
al eens tiende in de Tour en reed vorig jaar ook goed tot hij in
de laatste tijdrit viel. Verder een ploeg met vrij goede klimmers, zoals Domenico Pozzovivo, Christophe Riblon en Carlos Betancur, die ook nog vrij rap is en vorig jaar als vijfde eindigde in de Giro. Als die jongen zich alleen op de Tour zou
richten, kan hij een kwaaie zijn in de bergen. Zeker iemand
die het lont kan aansteken, altijd in de aanval.

TOURHISTORIE

Vier ritzeges voor de Est Jaan Kirsipuu (1999, 2001, 2003, 2004), twee voor Christophe Riblon (die won in 2010 en vorig jaar verrassend op Alpe d'Huez) en één voor Sylvain Calzati (2006), Vladimir Efemkin (2008) en Cyril Dessel (2008). Kirsipuu droeg zes dagen geel in 1999, Dessel één dag in 2009 en de Italiaan Rinaldo Nocentini acht dagen in 2009.

ASTANA

ACHTERGROND
Land Kazachstan
Sponsor Kazachstaans bedrijvenconsortium
Fiets Specialized
Manager Aleksandr Vinokoerov
Ploegleiding Giuseppe Martinelli (eerste ploegleider), Alexander Shefer, Stefano Zanini, Dmitri Sedoen, Gorazd Štangelj, Jaan Kirsipuu, Sergej Jakovlev, Dmitri Fofonov (ploegleiders)
UCI-ranking 2013 5
Renners 29 (10 nationaliteiten)
Website www.proteam-astana.com

 ### BOOGERDS BLIK

De ploeg van manager Aleksandr Vinokoerov is volledig gebouwd om één kopman, Vincenzo Nibali. Na zijn zege in de Giro van vorig jaar gaat de Italiaan nu voor de eindwinst in de Tour. Hij zal omringd zijn door een goede ploeg, solide, met alle neuzen dezelfde kant op. Astana heeft geen ploeg die het Froome lastig kan maken door agressief koersen, maar wel een die de koers kan dragen mocht Nibali het geel pakken.

TOURHISTORIE
In 2007 trok de Kazachstaanse ploeg zich terug na een dopingaffaire rond kopman Aleksandr Vinokoerov. Onder de

nieuwe leiding van ploegleider Johan Bruyneel mocht Astana in 2008 niet meedoen. Een jaar later won Alberto Contador voor Astana de Tour, evenals in 2010. De laatste zege werd hem in 2011 alsnog ontnomen wegens een positieve doping-test. Astana behaalde vier ritzeges: in 2009 twee keer Contador en de ploegentijdrit, in 2010 Vinokoerov.

BELKIN

ACHTERGROND

Land Nederland
Sponsor Producent computerhardware en randapparatuur
Fiets Bianchi
Ploegleiding Richard Plugge (manager), Merijn Zeeman en Mathieu Heijboer (trainers), Nico Verhoeven, Erik Dekker, Frans Maassen, Michiel Elijzen, Jan Boven (ploegleiders)
UCI-ranking 2013 11
Renners 29 (7 nationaliteiten)
Website www.teambelkin.com

 ## BOOGERDS BLIK

Bij Belkin zal het net zo gaan als vorig jaar, het is gewoon een stabiele ploeg. Sep Vanmarcke, Lars Boom en Maarten Wynants als sterke mannen voor de eerste week, door de wind en over de keien. En dan Bauke Mollema, Robert Gesink en Laurens ten Dam voor de bergen en het klassement. Misschien ook weer de Noor Lars Petter Nordhaug als allrounder erbij. Belkin kan ver komen in het klassement, het zou leuk zijn als ze dit jaar ook eens een rit pakken.

TOURHISTORIE

De grote successen haalde de ploeg onder de naam Rabobank. Deen Michael Rasmussen won twee keer de bolletjestrui, in 2005 en 2006. De Spanjaard Óscar Freire was in 2008 de beste in het puntenklassement. De ploeg won tot nu toe 24 ritten in de Tour: Michael Boogerd (1996, 2002), Rolf Sørensen (1996), Léon van Bon (1998, 2000), Robbie McEwen (1999), Erik Dekker (drie in 2000, 2001), Marc Wauters (2001), Karsten Kroon (2002), Pieter Weening (2005), Michael Rasmussen (2005, 2006 en twee in 2007), Óscar Freire (twee in 2006, 2008), Denis Mensjov (2006), Juan Manuel Gárate (2009), Luis León Sánchez (2011 en 2012). In het eerste Belkin-jaar, 2013, was er een zesde plaats in het eindklassement voor Bauke Mollema. De beste Nederlandse klassering sinds Michael Boogerd (1998) en Robert Gesink (2010), die beiden vijfde werden.

BMC RACING TEAM

ACHTERGROND
Land Verenigde Staten
Sponsor Fietsenmerk
Fiets BMC
Ploegleiding Jim Ochowicz (directeur), Allan Peiper (manager), Fabio Baldato, Jackson Stewart, Yvon Ledanois, Maximiliam Sciandri, Valerio Piva (ploegleiders)
UCI-ranking 2013 10
Aantal renners 27 (12 nationaliteiten)
Website www.bmcracingteam.com

 BOOGERDS BLIK
BMC is meteen goed begonnen dit seizoen. Ze moeten hebben gevoeld dat het vorig jaar niet genoeg was voor zo'n dure ploeg, met toprenners als Philippe Gilbert, Thor Hushovd en Cadel Evans. Je ziet ze dit jaar in de breedte hard rijden, van Taylor Phinney tot Yannick Eijssen. Ook Evans reed gelijk sterk in de Tour Down Under. Alleen missen ze in mijn ogen een renner voor het Tourklassement. Tejay van Garderen

heeft het nog niet echt laten zien. Misschien dit jaar; in principe moet hij het kunnen bolwerken.

TOURHISTORIE
BMC debuteerde in de Tour van 2010, toen Cadel Evans een dag de gele trui droeg, maar door een blessure op achterstand raakte. Een jaar later pakte hij het geel in de voorlaatste etappe, een individuele tijdrit, en bracht het als eerste Australiër in de historie naar Parijs. Ook won Evans dat jaar een rit, op de Mûr-de-Bretagne. In 2012 was er geen ritwinst, wel de witte trui voor Tejay van Garderen. Vorig jaar stond de ploeg van de Zwitserse miljardair Andy Rihs (ex-Phonak) met lege handen.

BRETAGNE-SÉCHE ENVIRONNEMENT

ACHTERGROND
Land Frankrijk
Sponsor Afvalverwerking
Fiets Kemo
Ploegleiding Loïc Drouard (manager), Emmanuel Hubert, Roger Tréhin (ploegleiders), Franck Renimel (trainer)
 UCI-ranking 2013 – (Professional Continental Team)
Renners 16 (3 nationaliteiten)
Website www.bretagne-seche-environnement.fr

BOOGERDS BLIK
Aanwinst Brice Feillu moet het gaan doen voor het klassement voor Bretagne-Séche Environnement. Of zijn broer Romain in de sprints. Pelotonvulling, deze Franse ploeg, die voor de eerste keer meedoet.

TOURHISTORIE
Geen.

CANNONDALE

ACHTERGROND
Land Italië
Sponsor Fietsenmerk
Fiets Cannondale
Ploegleiding Roberto Amadio (directeur), Dario Mariuzzo, Stefano Zannata, Mario Scirea, Alberto Volpi, Biagio Conte (ploegleiders)
UCI-ranking 2013 9
Aantal renners 28 (12 nationaliteiten)
Website www.cannondaleprocycling.com

 BOOGERDS BLIK

Cannondale is echt een ploeg met een doel: Peter Sagan aan zo veel mogelijk ritzeges en aan de groene trui helpen. Met een kopman zoals deze Slowaak wordt het voor de ploegleiding nooit moeilijk, hij staat er altijd. Cannondale, voorheen Liquigas, is altijd al een ploeg geweest die door Roberto Amadio strak geleid wordt. Iedereen doet wat hij moet doen.

TOURHISTORIE

Vincenzo Nibali eindigde voor Liquigas in 2007 als zevende in Parijs, Roman Kreuziger in 2009 als negende en Ivan Basso in 2011 als achtste. Franco Pelizotti won het bergklassement in 2009. Een ritzege was er in 2007 dankzij Filippo Pozzato. In 2012 won Peter Sagan drie ritten en de groene trui. Kopman Vincenzo Nibali eindigde als derde in Parijs. Vorig jaar was er opnieuw groen, en ritwinst, voor Sagan.

COFIDIS

ACHTERGROND
Land Frankrijk
Sponsor Bank
Fiets Look
Ploegleiding Yvon Sanguer (manager), Alain Deloeuil, Didier Rous, Stéphane Augé, Jean-Luc Jonrond (ploegleiders), Jean-Eudes Demaret en Vincent Villerius (trainers)
UCI-ranking 2013 – (Professional Continental Team)
Renners 25 (4 nationaliteiten)
Website www.equipe-cofidis.com

 BOOGERDS BLIK
Cofidis sponsort al vanaf 1997 de wielerploeg, die nog werd opgericht door Cyrille Guimard, oud-renner en ploegleider van onder meer Bernard Hinault en Laurent Fignon. De laatste jaren zitten ze bij Cofidis te wachten op de doorbraak van Rein Taaramae. Maar bij de Est komt het er niet uit, al werd hij in 2011 nog wel twaalfde in de Tour. Dan heb je nog een voormalige meesterknecht van Contador, Daniel Navarro, vorig jaar negende. Maar hij kan het ook niet alleen.

TOURHISTORIE
In 1998 won Cofidis het ploegenklassement en de bergtrui (Christophe Rineiro), en eindigde de Amerikaanse kopman Bobby Julich als derde. Ritzeges waren er met Laurent Desbiens (1997), David Millar (2000, 2002 en 2003), Stuart O'Grady (2004), David Moncoutié (2004, 2005), Jimmy Casper (2006), Samuel Dumoulin (2008) en Sylvain Chavanel (2008).

EUROPCAR

ACHTERGROND
Land Frankrijk
Sponsor Autoverhuur
Fiets Colnago
Ploegleiding Jean-René Bernaudeau (manager), Dominique Arnould, Andy Flickinger, Ismaël Mottier, Benoît Genauzeau (ploegleiders)
UCI-ranking 2013 – (Professional Continental Team)
Renners 28 (6 nationaliteiten)
Website www.teameuropcar.com

 BOOGERDS BLIK

Franse aanvallersploeg, die altijd vanaf het begin er invliegt. Niet voor niets heeft Europcar het sponsorcontract alweer verlengd. Elk jaar blijft er wel eentje hoog in het klassement hangen, en de bollentrui zal ook weer een doel zijn. Vorig jaar reden ze een iets mindere Tour. Pierre Rolland en Thomas Voeckler haalden hun niveau van de jaren ervoor niet, en de opvolging laat nog op zich wachten. Ze zullen tot in de kruin gemotiveerd zijn om het dit jaar wel weer te laten zien.

TOURHISTORIE

Onder de naam Bouygues Telecom waren er ritzeges voor Pierrick Fédrigo (2006, 2009 en 2010) en Thomas Voeckler (2009 en 2010), die in 2004 bovendien elf dagen geel droeg voor de ploeg van directeur Jean-René Bernaudeau. In 2011 droeg 'Titi' tien dagen geel en won Pierre Rolland een etappe en de witte trui. In 2012 won Rolland de rit naar La Toussuire. Voeckler won zelfs twee ritten, naar Bellegarde-sur-Valserine en Bagnères-de-Luchon. Ook pakte hij de bolletjestrui in Parijs. Vorig jaar stokte de zegereeks.

FDJ.FR

ACHTERGROND
Land Frankrijk
Sponsor Loterij
Fiets Lapierre
Ploegleiding Marc Madiot (directeur), Thierry Bricaud, Martial Gayant, Yvon Madiot, Frank Pineau (ploegleiders)
UCI-ranking 2013 17
Renners 30 (4 nationaliteiten)
Website www.equipecyclistefdj.fr

 BOOGERDS BLIK
FDJ.fr heeft met Thibaut Pinot het Franse wonderkind, als hij tenminste naar beneden komt van de cols. Hij zal voor het klassement gaan. Maar met Arnaud Démare en Nacer Bouhanni hebben ze ook twee goede sprinters. Démare kan ook wat lastiger parcoursen aan, hij is een redelijke renner. Misschien zijn zij de nieuwe mannen voor de sprint.

TOURHISTORIE
Baden Cooke won bij FDJ de groene trui in 2003. De ploeg behaalde in veertien Tours in totaal negen ritzeges: Christophe Mengin (1997), Bradley McGee (2002 en 2003), Baden Cooke (2003), Sandy Casar (2007, 2009 en 2010), Pierrick Fédrigo (2012) en Thibaut Pinot (2012).

GARMIN-SHARP

ACHTERGROND
Land Verenigde Staten
Sponsor Navigatiesystemen en elektronica
Fiets Cervélo
Ploegleiding Jonathan Vaughters (directeur), Chann McRae,

Robert Hunter, Johnny Weltz, Eric Van Lancker, Geert Van Bondt, Charles Wegelius (ploegleiders)
UCI-ranking 2013 8
Renners 29 (14 nationaliteiten)
Website www.slipstreamsports.com

BOOGERDS BLIK

Andrew Talansky en Daniel Martin zullen het moeten doen voor Garmin, Tom Danielson en Ryder Hesjedal lijken me over hun top. En ik vind Rowan Dennis, een jonge Australiër, een goede renner. Ik hoop dat hij de Tour rijdt. In dienst wellicht van Talansky, die het voor het klassement moet doen. Martin is meer een man die zijn dagen uitkiest in de bergen. Een goede klimmer, maar het lijkt voor hem te moeilijk om zich drie weken lang ergens volledig op te richten. Bij deze ploeg ook Tom-Jelte Slagter, die twee ritten won in Parijs-Nice. Kan hij dat ook in de Tour?

TOURHISTORIE

Sinds het Tourdebuut in 2008 slaagde ploegbaas Jonathan Vaughters er tot nu toe steeds in een renner in de top tien te krijgen. In 2009 won Thor Hushovd, nu vertrokken naar BMC, de puntentrui. In totaal boekte Garmin tot nu toe negen ritzeges: Hushovd (2009, 2010, twee in 2011), Heinrich Haussler (2009), Tyler Farrar (2011), de ploegentijdrit (2011), David Millar (2012) en Daniel Martin (2013).

GIANT-SHIMANO

ACHTERGROND
Land Nederland
Sponsor Fietsen, fietsonderdelen
Fiets Giant
Ploegleiding Iwan Spekenbrink (directeur), Rudi Kemna,

Christian Guiberteau, Lionel Marie, Marc Reef, Addy Engels, Aike Visbeek (ploegleiders)
UCI-ranking 2013 16 (als Argos-Shimano)
Renners 29 (11 nationaliteiten)
Website www.teamgiantshimano.com

BOOGERDS BLIK

Sprintersploeg, al jaren, alles op Marcel Kittel. Ik zou het mooi vinden als er nog een extra Nederlander meekan, Ramon Sinkeldam is bijvoorbeeld een goeie. En ik hoop op een vrije rol voor Tom Dumoulin. Heel goeie renner, dat heeft hij vorig jaar wel laten zien in de Tour. Kan in de schaduw van Kittel misschien z'n dagen uitzoeken, en een sterke tijdrit rijden. En als Warren Barguil rijdt, ben ik benieuwd wat hij al kan in de bergen, na zijn sterke Vuelta van vorig jaar.

TOURHISTORIE

Onder de naam Skil-Shimano kreeg de ploeg van directeur Iwan Spekenbrink in 2009 een wildcard voor de Tour. De ploeg kwam eigenlijk nog wat kwaliteit tekort, maar viel wel op met een aanvallende manier van rijden. Sprinter Kenny van Hummel, inmiddels vertrokken naar Vacansoleil, trok veel aandacht met zijn lijdensweg in de bergen. Vorig jaar behaalde de Duitser Marcel Kittel vier ritzeges. Ook reed hij een dag in de gele trui.

IAM CYCLING

ACHTERGROND

Land Zwitserland
Sponsor Investeringsfonds
Fiets Scott
Ploegleiding Michel Thétaz (directeur), Serge Beucherie, Marcello Albasini, Rubens Bertogliati, Kjell Carlström, Eddy Seigneur (ploegleiders)

UCI-ranking 2013 – (Professional Continental Team)
Renners 25 (10 nationaliteiten)
Website www.iamcycling.com

 BOOGERDS BLIK

Het gaat snel met deze Zwitserse ploeg, die vorig jaar is begonnen en nu al de Tour rijdt. In het voorjaar kregen ze een vreselijke klap met het overlijden van de Belg Kristof Goddaert, na een ongeluk met een bus tijdens een training. Sylvain Chavanel en Heinrich Haussler zijn de bekendste namen bij IAM Cycling.

TOURHISTORIE
Geen.

KATUSHA

ACHTERGROND
Land Rusland
Sponsor Wielerproject
Fiets Canyon
Ploegleiding Vjatsjeslav Ekimov (directeur), José Azevedo, Dmitri Konisjev, Claudio Cozzi, Torsten Schmidt, Gennadi Michajlov, Uwe Peschel, Michel Rich (ploegleiders)
UCI-ranking 2013 3
Renners 30 (9 nationaliteiten)
Website www.katushateam.com

 BOOGERDS BLIK

Zonder Joaquim Rodríguez, altijd een smaakmaker, blijft er heel weinig over van Katusha. De ploeg staat al jaren hoog op de UCI-ranking voor ploegen, maar dat komt niet door de Tour. Ik zou eigenlijk niet weten wat mijn oude ploeggenoot Vjatsjeslav Ekimov in de Tour moet zoeken met deze renners.

Alles zal op de aanval moeten, Dani Moreno en de Noorse sprinter Alexander Kristoff zijn zonder Rodríguez de blikvangers.

TOURHISTORIE

Sergej Ivanov won in 2009 een rit voor de Russische ploeg. Een jaar later won Joaquim Rodríguez de rit naar Mende. Hij eindigde toen bovendien als achtste in het klassement. Vorig jaar kleurde Rodríguez een paar bergritten en haalde hij als derde het podium in Parijs.

LAMPRE-MERIDA

ACHTERGROND

Land Italië
Sponsor Staalproducent, fietsenmerk
Fiets Merida
Ploegleiding Brent Copeland (directeur), Orlando Maini, Bruno Vicino, Joxean Matxin, Simone Pedrazzini, Daniele Righi (ploegleiders)
uci-ranking 2013 14
Renners 25 (10 nationaliteiten)
Website www.teamlampremerida.com

 BOOGERDS BLIK

Rui Costa is de nieuwe kopman, hij zal in zijn regenboogtrui alles op het klassement zetten. Top tien moet kunnen. Dat is voor zijn ploeg wel lekker, een duidelijk doel. Ik weet niet wat Chris Horner gaat doen. Het zou wel apart zijn als hij nog eens zo'n kunststukje uithaalt als vorig jaar in de Vuelta, waar hij zo hard omhoog reed en won.

TOURHISTORIE

Twee keer behaalde de Italiaanse ploeg de groene trui: met het

Oezbeekse sprintkanon Djamolidin Abdoesjaparov in 1993 en met Alessandro Petacchi in 2010. Damiano Cunego won in 2006 het jongerenklassement. In totaal waren er voor Lampre tot nu toe acht ritzeges: Abdoesjaparov (drie in 1993), Rubens Bertogliati (2002), Daniele Bennati (twee in 2007) en Alessandro Petacchi (twee in 2010).

LOTTO-BELISOL

ACHTERGROND
Land België
Sponsor Loterij en ramen- en deurenproducent
Fiets Ridley
Ploegleiding Marc Sergeant (manager), Mario Aerts, Herman Frison, Marc Wauters, Bart Leysen, Kurt Van de Wouwer, Jean-Pierre Heynderickx (ploegleiders)
Renners 27 (8 nationaliteiten)
UCI-ranking 2013 18
Website www.lottobelisol.be

 ### BOOGERDS BLIK
Als ik manager Marc Sergeant was, zou ik alles zetten op André Greipel voor de sprint. Hij is een van de snelste van de wereld, dat biedt de ploeg meer zekerheid dan een klassement rijden met Jurgen Van den Broeck. Ze hebben ook een sterke trein voor Greipel, al kwam dat er verleden jaar niet helemaal uit. Toen werden ze overklast door Argos-Shimano.

TOURHISTORIE
Met Omega Pharma als hoofdsponsor won de Belgische ploeg in 2006 de groene trui met Robbie McEwen. Cadel Evans werd tweede in de Tours van 2007 en 2008. Ritzeges waren er voor Robbie McEwen (drie in 2005, drie in 2006, 2007), Cadel Evans (2007), Philippe Gilbert (2011), Jelle Vanendert (2011) en André Greipel (2011, drie in 2012, een in 2013).

MOVISTAR

ACHTERGROND
Land Spanje
Sponsor Telecomprovider
Fiets Canyon
Ploegleiding Eusebio Unzué (manager), José Luis Jaimerena,
José Luis Arrieta, José Luis Laguía, José Vicente García Acosta
UCI-ranking 2013 1
Renners 27 (8 nationaliteiten)
Website www.movistarteam.com

 BOOGERDS BLIK
Alejandro Valverde had in 2013 op het podium kunnen staan,
zonder het tijdverlies dat hij opliep in de waaieretappe. Maar
of hij dat nu nog kan? Klasbak, duidelijk de leider van zijn
ploeg. Ook als Nairo Quintana niet meedoet, wat Movistar
heeft aangekondigd, blijft het een sterke ploeg. Solide, al jaren. Ze hebben er een paar Baskische klimmers bij en John
Gadret. Toch denk ik niet dat ze zo dominant kunnen rijden
als vorig jaar, zonder Quintana en Rui Costa.

TOURHISTORIE
Na de periode van Miguel Indurain, eindwinnaar van 1991 tot
en met 1995, won deze Spaanse ploeg de Tour in 2006 met Óscar Pereiro (na diskwalificatie van Floyd Landis). De witte
trui was er met Francisco Mancebo (2000), Denis Mensjov
(2003) en Vladimir Karpets (2004). In 1999 werd de ploeg onder de naam Banesto eerste in het ploegenklassement. Ritzeges waren er sinds 1995 met Abraham Olano (1997), José Vicente García Acosta (2000), Pablo Lastras (2003), Alejandro
Valverde (2005, twee in 2008, 2012), Luis León Sánchez (2008,
2009) en Rui Costa (2011). Vorig jaar was Movistar zeer suc-
cesvol met twee ritzeges voor Rui Costa en een voor Nairo
Quintana, die ook het jongeren- en bergklassement won en
als tweede eindigde in Parijs.

TEAM NETAPP-ENDURA

ACHTERGROND
Land Duitsland
Sponsor Computerapparatuur en -toepassingen
Fiets Fuji Bikes
Ploegleiding Ralf Denk (directeur), Ebrico Poitschke, Christian Pömer, Alex Sans Vega, André Schulze (ploegleiders)
UCI-ranking 2013 – (Professional Continental Team)
Renners 20 (10 nationaliteiten)
Website www.netapp-endura.com

 BOOGERDS BLIK
Toch weer een Duitse ploeg in de Tour, maar niet met grote namen. De Portugees Tiago Machado komt van RadioShack. Een klimmer, die al goed heeft gereden in kleinere rondes.

TOURHISTORIE
Geen.

OMEGA PHARMA-QUICK-STEP

ACHTERGROND
Land België
Sponsor Farmaceutisch bedrijf en laminaatvloeren
Fiets Specialized
Ploegleiding Patrick Lefevere (directeur), Rolf Aldag (sportief manager), Wilfried Peeters, Rik Van Slycke, Davide Bramati, Brian Holm, Jan Schaffrath (ploegleiders), Koen Pelgrim en Tom Steels (trainers)
Renners 30 (12 nationaliteiten)
UCI-ranking 2013 7
Website www.omegapharma-quickstep.com

BOOGERDS BLIK

Een van de beste ploegen in het peloton op alle terreinen, van het klassieke voorjaar tot en met het wk. Voor de Tour hebben ze klassementsmannen met de Pool Michal Kwiatkowski, een alleskunner die overal meedoet om de winst, en de Colombiaan Rigoberto Urán. En dan hebben ze nog Mark Cavendish en zijn piloten voor de massasprints. Kilometers lang op kop rijden is ook het probleem niet. Omega Pharma-Quick-Step werd al twee keer achter elkaar wereldkampioen ploegentijdrit en Tony Martin won al drie keer het wk tijdrijden.

TOURHISTORIE

Richard Virenque won in 2004 het bergklassement in de ploeg van Patrick Lefevere, Tom Boonen was in 2007 de beste in het puntenklassement. Vorig jaar won de ploeg vier ritten: twee keer Mark Cavendish, een keer Tony Martin (tijdrit) en Matteo Trentin. Eerder behaalde de ploeg-Lefevere al ritzeges met Sylvain Chavanel (twee in 2010), Gert Steegmans (2007, 2008), Tom Boonen (twee in 2004, twee in 2005, twee in 2007), Matteo Tosatto (2006), Cédric Vasseur (2004), Juan Miguel Mercado (2004), Richard Virenque (2003, 2004) en Servais Knaven (2003).

ORICA-GREENEDGE

ACHTERGROND

Land Australië
Sponsor Chemie, wielerproject
Fiets Scott
Ploegleiding Shayne Bannan (manager), Julien Dean, Vittorio Algeri, Lorenzo Lapage, Neil Stephens, Matthew Wilson, Matthew White, David McPartland (ploegleiders)
uci-ranking 2013 13
Renners 26 (10 nationaliteiten)
Website www.greenedgecycling.com

BOOGERDS BLIK

Vorig jaar had Orica-GreenEdge een super eerste week, met Daryl Impey en Simon Gerrans. Nu lijkt het parcours minder op hun lijf geschreven. Dit is een ploeg waarin alles goed loopt, of juist niet. Zoals in de Tour van 2012, toen ze er in dienst van sprinter Matthew Goss totaal niet aan te pas kwamen. Simon Clarke kan nu misschien iets doen voor het klassement en ik hoop dat Pieter Weening rijdt. Als Laurens ten Dam dertiende kan worden in de Tour, moet Pieter dat ook kunnen.

TOURHISTORIE

Orica-GreenEdge was in 2012 de eerste Australische ploeg in de geschiedenis van de Tour de France, maar won niets. Vorig jaar was er ritwinst voor Simon Gerrans, en versloeg de ploeg verrassend de wereldkampioenen van Omega Pharma-Quick-Step in de ploegentijdrit. Gerrans droeg twee dagen het geel, en werd daarna voor nog eens twee dagen afgelost door zijn Zuid-Afrikaanse ploeggenoot Daryl Impey.

TREK FACTORY RACING

ACHTERGROND

Land Verenigde Staten
Sponsor Fietsen
Fiets Trek
Ploegleiding Luca Guercilena (directeur), Kim Andersen, Adriano Baffi, Dirk Demol, Luc Meersman, Alain Gallopin (ploegleiders)
Renners 28 (15 nationaliteiten)
UCI-ranking 2013 4 (als RadioShack-Leopard)
Website www.trekfactoryracing.com

BOOGERDS BLIK

De naam is veranderd, maar Trek Factory Racing blijft net als RadioShack-Leopard toch de ploeg van de oude mannen. Haimar Zubeldia, Jaroslav Popovitsj en Jens Voigt gaan al wat jaren mee. De Schlecks moeten het voor deze ploeg doen, maar kunnen ze dat nog? Ik denk van niet. De Kroaat Robert Kiserlovski is eerder een man voor het klassement, die kan nog groeien. En Fabian Cancellara zal het wel hebben staan op de rit over de kasseien.

TOURHISTORIE

Bij het Tourdebuut van de ploeg in 2010, de laatste van Lance Armstrong, won RadioShack meteen een etappe met de Portugees Sérgio Paulinho én het ploegenklassement. In 2011 was er geen succes voor manager Johan Bruyneel, die in andere ploegen met Lance Armstrong en Alberto Contador in totaal negen keer het geel naar Parijs bracht. Een jaar later was de Belgische oud-prof er zelf niet bij wegens dopingperikelen, maar RadioShack won wel voor de tweede keer het ploegenklassement. In 2013 vertrok Bruyneel definitief. De ploeg won in de Tour een rit met Jan Bakelants, die ook twee dagen geel droeg en inmiddels verhuisde naar Omega Pharma-Quick-Step.

TINKOFF-SAXO

ACHTERGROND

Land Denemarken
Sponsor Russische en Deense bank
Fiets Specialized
Ploegleiding Bjarne Riis (directeur), Steven de Jongh, Fabrizio Guidi, Bruno Cenghialta, Tristan Hoffman, Giuseppe Toni, Philippe Mauduit, Lars Michaelsen (ploegleiders)
UCI-ranking 2013 15

Renners 28 (13 nationaliteiten)
Website www.tinkoffsaxo.com

BOOGERDS BLIK

Manager Bjarne Riis beschikt over twee sterke kopmannen, met Alberto Contador en Roman Kreuziger. Het zit op een kantelpunt tussen die twee. Gaat Kreuziger nog een keer de benen stilhouden voor Contador? In de bergen zijn de kopmannen goed omringd. Verder zullen ze Matteo Tosatto nog wel een keertje uit de kast trekken voor het zware werk op het vlakke, al is hij zowat veertig jaar. Rory Sutherland vind ik een complete renner, die van waarde kan zijn voor de ploeg.

TOURHISTORIE

Carlos Sastre won de Tour in 2008, Andy Schleck kreeg na de schorsing van Alberto Contador de eindzege van 2010 toebedeeld. Hij won ook drie keer de witte trui, in 2008, 2009 en 2010. Laurent Jalabert won in de ploeg van Bjarne Riis (toen gesponsord door CSC) de bolletjestrui in 2001 en 2002. Ook het ploegenklassement werd gewonnen in 2001 en 2002. In totaal waren er 21 ritzeges: Laurent Jalabert (twee in 2001), Tyler Hamilton (2003), Jacob Piil (2003), Ivan Basso (2004), David Zabriskie (2005), Jens Voigt (2007), Fränk Schleck (2007, 2009), Fabian Cancellara (twee in 2007, 2008, 2009, twee in 2010), Carlos Sastre (2003, 2008), Kurt-Asle Arvesen (2008), Nicki Sørensen (2009) en Andy Schleck (twee in 2010). Vorig jaar wonnen ze geen rit, maar wel weer het ploegenklassement.

SKY

ACHTERGROND
Land Groot-Brittannië
Sponsor Televisiestation
Fiets Pinarello

Ploegleiding David Brailsford (directeur), Dario Cioni, Dan Frost, Servais Knaven, Nicholas Portal (ploegleiders), Kurt-Asle Arvesen, Shaun Stephens, Tim Kerrison (trainers)
UCI-ranking 2013 2
Renners 28 (12 nationaliteiten)
Website www.teamsky.com

 ### BOOGERDS BLIK

Alles voor de tweede Tourzege van Chris Froome bij Sky, ze zullen perfect voorbereid aan de start staan. Misschien dat ze zelfs een man als Edvald Boasson Hagen een keer thuislaten. Hij bleef vorig jaar een beetje hangen, terwijl hij klassiekers moet kunnen winnen. Het zou voor die jongen zelf goed zijn als ze een keuze met hem maken. Dan kunnen ze een extra klimmer meenemen naar de Tour, of nog iemand die Froome uit de wind kan houden.

TOURHISTORIE

Na een vrij onopvallend debuut in 2010 scoorde de Britse in 2011 met twee ritzeges voor Edvald Boasson Hagen. Een jaar later kleurde de Tour dankzij Sky totaal Brits. Drie ritzeges voor Mark Cavendish, twee voor Bradley Wiggins en een voor Chris Froome, plus de eindzege van Wiggins en de tweede plaats van Froome. Vorig jaar was de eindzege voor Froome, die ook nog eens drie ritten won.

STATISTIEKEN

DE GELE TRUI (ALGEMEEN KLASSEMENT)

JAAR	RENNER	LAND
1903	Maurice Garin	Frankrijk
1904	Henri Cornet	Frankrijk
1905	Louis Trousselier	Frankrijk
1906	René Pottier	Frankrijk
1907	Lucien Petit-Breton	Frankrijk
1908	Lucien Petit-Breton	Frankrijk
1909	François Faber	Luxemburg
1910	Octave Lapize	Frankrijk
1911	Gustave Garrigou	Frankrijk
1912	Odile Defraye	België
1913	Philippe Thys	België
1914	Philippe Thys	België
1919	Firmin Lambot	België
1920	Philippe Thys	België
1921	Léon Scieur	België
1922	Firmin Lambot	België
1923	Henri Pélissier	Frankrijk
1924	Ottavio Bottecchia	Italië
1925	Ottavio Bottecchia	Italië
1926	Lucien Buysse	België
1927	Nicolas Frantz	Luxemburg
1928	Nicolas Frantz	Luxemburg
1929	Maurice De Waele	België
1930	André Leducq	Frankrijk
1931	Antonin Magne	Frankrijk
1932	André Leducq	Frankrijk
1933	Georges Speicher	Frankrijk

1934	Antonin Magne	Frankrijk
1935	Romain Maes	België
1936	Sylvère Maes	België
1937	Roger Lapébie	Frankrijk
1938	Gino Bartali	Italië
1939	Sylvère Maes	België
1947	Jean Robic	Frankrijk
1948	Gino Bartali	Italië
1949	Fausto Coppi	Italië
1950	Ferdi Kübler	Zwitserland
1951	Hugo Koblet	Zwitserland
1952	Fausto Coppi	Italië
1953	Louison Bobet	Frankrijk
1954	Louison Bobet	Frankrijk
1955	Louison Bobet	Frankrijk
1956	Roger Walkowiak	Frankrijk
1957	Jacques Anquetil	Frankrijk
1958	Charly Gaul	Luxemburg
1959	Federico Bahamontes	Spanje
1960	Gastone Nencini	Italië
1961	Jacques Anquetil	Frankrijk
1962	Jacques Anquetil	Frankrijk
1963	Jacques Anquetil	Frankrijk
1964	Jacques Anquetil	Frankrijk
1965	Felice Gimondi	Italië
1966	Lucien Aimar	Frankrijk
1967	Roger Pingeon	Frankrijk
1968	Jan Janssen	Nederland
1969	Eddy Merckx	België
1970	Eddy Merckx	België
1971	Eddy Merckx	België
1972	Eddy Merckx	België
1973	Luis Ocaña	Spanje
1974	Eddy Merckx	België
1975	Bernard Thévenet	Frankrijk
1976	Lucien Van Impe	België
1977	Bernard Thévenet	Frankrijk
1978	Bernard Hinault	Frankrijk
1979	Bernard Hinault	Frankrijk
1980	Joop Zoetemelk	Nederland
1981	Bernard Hinault	Frankrijk

1982	Bernard Hinault	Frankrijk
1983	Laurent Fignon	Frankrijk
1984	Laurent Fignon	Frankrijk
1985	Bernard Hinault	Frankrijk
1986	Greg LeMond	vs
1987	Stephen Roche	Ierland
1988	Pedro Delgado	Spanje
1989	Greg LeMond	vs
1990	Greg LeMond	vs
1991	Miguel Indurain	Spanje
1992	Miguel Indurain	Spanje
1993	Miguel Indurain	Spanje
1994	Miguel Indurain	Spanje
1995	Miguel Indurain	Spanje
1996	Bjarne Riis	Denemarken
1997	Jan Ullrich	Duitsland
1998	Marco Pantani	Italië
1999	– *	
2000	– *	
2001	– *	
2002	– *	
2003	– *	
2004	– *	
2005	– *	
2006	Oscar Pereiro Sio**	Spanje
2007	Alberto Contador	Spanje
2008	Carlos Sastre	Spanje
2009	Alberto Contador	Spanje
2010	Andy Schleck***	Luxemburg
2011	Cadel Evans	Australië
2012	Bradley Wiggins	Groot-Brittannië
2013	Chris Froome	Groot-Brittannië

*	Lance Armstrong gediskwalificeerd
**	Floyd Landis gediskwalificeerd
***	Alberto Contador gediskwalificeerd

DE GROENE TRUI (PUNTENKLASSEMENT)

JAAR	RENNER	LAND
1953	Fritz Schaer	Zwitserland
1954	Ferdi Kübler	Zwitserland
1955	Stan Ockers	België
1956	Stan Ockers	België
1957	Jean Forestier	Frankrijk
1958	Jean Graczyk	Frankrijk
1959	André Darrigade	Frankrijk
1960	Jean Graczyk	Frankrijk
1961	André Darrigade	Frankrijk
1962	Rudi Altig	Duitsland
1963	Rik van Looy	België
1964	Jan Janssen	Nederland
1965	Jan Janssen	Nederland
1966	Willy Planckaert	België
1967	Jan Janssen	Nederland
1968	Franco Bitossi	Italië
1969	Eddy Merckx	België
1970	Walter Godefroot	België
1971	Eddy Merckx	België
1972	Eddy Merckx	België
1973	Herman van Springel	België
1974	Patrick Sercu	België
1975	Rik van Linden	België
1976	Freddy Maertens	België
1977	Jacques Esclassan	Frankrijk
1978	Freddy Maertens	Frankrijk
1979	Bernard Hinault	Frankrijk
1980	Rudy Pevenage	België
1981	Freddy Maertens	België
1982	Seán Kelly	Ierland
1983	Seán Kelly	Ierland
1984	Frank Hoste	België
1985	Seán Kelly	Ierland
1986	Eric Vanderaerden	België
1987	Jean-Paul van Poppel	Nederland
1988	Eddy Planckaert	België
1989	Seán Kelly	Ierland
1990	Olaf Ludwig	Duitsland

1991	Djamolidin Abdoesjaparov	Oezbekistan
1992	Laurent Jalabert	Frankrijk
1993	Djamolidin Abdoesjaparov	Oezbekistan
1994	Djamolidin Abdoesjaparov	Oezbekistan
1995	Laurent Jalabert	Frankrijk
1996	Erik Zabel	Duitsland
1997	Erik Zabel	Duitsland
1998	Erik Zabel	Duitsland
1999	Erik Zabel	Duitsland
2000	Erik Zabel	Duitsland
2001	Erik Zabel	Duitsland
2002	Robbie McEwen	Australië
2003	Baden Cooke	Australië
2004	Robbie McEwen	Australië
2005	Thor Hushovd	Noorwegen
2006	Robbie McEwen	Australië
2007	Tom Boonen	België
2008	Óscar Freire	Spanje
2009	Thor Hushovd	Noorwegen
2010	Alessandro Petacchi	Italië
2011	Mark Cavendish	Groot-Brittannië
2012	Peter Sagan	Slowakije
2013	Peter Sagan	Slowakije

DE BOLLETJESTRUI (BERGKLASSEMENT)

JAAR	RENNER	LAND
1933	Vicente Trueba	Spanje
1934	René Vietto	Frankrijk
1935	Félicien Vervaecke	België
1936	Julian Berrendero	Spanje
1937	Félicien Vervaecke	België
1938	Gino Bartali	Italië
1939	Sylvère Maes	België
1947	Pierre Brambilla	Italië
1948	Gino Bartali	Italië
1949	Fausto Coppi	Italië

1950	Louison Bobet	Frankrijk
1951	Raphaël Géminiani	Frankrijk
1952	Fausto Coppi	Italië
1953	Jesús Loroño	Spanje
1954	Federico Bahamontes	Spanje
1955	Charly Gaul	Luxemburg
1956	Charly Gaul	Luxemburg
1957	Gastone Nencini	Italië
1958	Federico Bahamontes	Spanje
1959	Federico Bahamontes	Spanje
1960	Imerio Massignan	Italië
1961	Imerio Massignan	Italië
1962	Imerio Massignan	Italië
1963	Federico Bahamontes	Spanje
1964	Federico Bahamontes	Spanje
1965	Julio Jiménez	Italië
1966	Julio Jiménez	Italië
1967	Julio Jiménez	Italië
1968	Aurelio Gonzales	Spanje
1969	Eddy Merckx	België
1970	Eddy Merckx	België
1971	Lucien Van Impe	België
1972	Lucien Van Impe	België
1973	Pedro Torres	Spanje
1974	Domingo Perurena	Spanje
1975	Lucien Van Impe	België
1976	Giancarlo Bellini	Italië
1977	Lucien Van Impe	België
1978	Mariano Martinez	Frankrijk
1979	Giovanni Battaglin	Italië
1980	Raymond Martin	Frankrijk
1981	Lucien Van Impe	België
1982	Bernard Vallet	Frankrijk
1983	Lucien Van Impe	Frankrijk
1984	Robert Millar	Groot-Brittannië
1985	Luis Herrera	Colombia
1986	Bernard Hinault	Frankrijk
1987	Luis Herrera	Colombia
1988	Steven Rooks	Nederland
1989	Gert-Jan Theunisse	Nederland
1990	Thierry Claveyrolat	Frankrijk

1991	Claudio Chiappucci	Italië
1992	Claudio Chiappucci	Italië
1993	Tony Rominger	Zwitserland
1994	Richard Virenque	Frankrijk
1995	Richard Virenque	Frankrijk
1996	Richard Virenque	Frankrijk
1997	Richard Virenque	Frankrijk
1998	Christophe Rinero	Frankrijk
1999	Richard Virenque	Frankrijk
2000	Santiago Botero	Colombia
2001	Laurent Jalabert	Frankrijk
2002	Laurent Jalabert	Frankrijk
2003	Richard Virenque	Frankrijk
2004	Richard Virenque	Frankrijk
2005	Michael Rasmussen	Denemarken
2006	Michael Rasmussen	Denemarken
2007	Juan Mauricio Soler	Colombia
2008	Bernhard Kohl	Oostenrijk
2009	Franco Pellizotti	Italië
2010	Anthony Charteau	Frankrijk
2011	Samuel Sánchez	Spanje
2012	Thomas Voeckler	Frankrijk
2013	Nairo Quintana	Colombia

DE WITTE TRUI (JONGERENKLASSEMENT)

JAAR	RENNER	LAND
1975	Francesco Moser	Italië
1976	Henrique Martinez-Heredia	Spanje
1977	Dietrich Thureau	Duitsland
1978	Henk Lubberding	Nederland
1979	Jean-René Bernaudeau	Frankrijk
1980	Johan van der Velde	Nederland
1981	Peter Winnen	Nederland
1982	Phil Anderson	Australië
1983	Laurent Fignon	Frankrijk
1984	Greg LeMond	vs
1985	Fabio Parra	Colombia
1986	Andy Hampsten	vs

1987	Raúl Alcalá	Mexico
1988	Erik Breukink	Nederland
1989	Fabrice Philipot	Frankrijk
1990	Gilles Delion	Frankrijk
1991	Álvaro Mejía	Colombia
1992	Eddy Bouwmans	Nederland
1993	Antonio Martin Velasco	Spanje
1994	Marco Pantani	Italië
1995	Marco Pantani	Italië
1996	Jan Ullrich	Duitsland
1997	Jan Ullrich	Duitsland
1998	Jan Ullrich	Duitsland
1999	Benoît Salmon	Frankrijk
2000	Francisco Mancebo	Spanje
2001	Oscar Sevilla	Spanje
2002	Ivan Basso	Italië
2003	Denis Mensjov	Rusland
2004	Vladimir Karpets	Rusland
2005	Jaroslav Popovytsj	Oekraïne
2006	Damiano Cunego	Italië
2007	Alberto Contador	Spanje
2008	Andy Schleck	Luxemburg
2009	Andy Schleck	Luxemburg
2010	Andy Schleck	Luxemburg
2011	Pierre Rolland	Frankrijk
2012	Tejay van Garderen	vs
2013	Nairo Quintana	Colombia

BIBLIOGRAFIE

BOEKEN

Jacob Bergsma, Joop Holthausen en Peter Ouwerkerk, *Joop Zoetemelk. Een open boek* (Amsterdam, 2011)

Guido Bindels, *Tourglorie* (Leeuwarden, 2010)

Raymond Keckhoffs en Robert Janssens, *Triomf en tragiek op de Tourcols* (Den Haag, 2003)

Teus Korporaal, *Tour de France monumenten. Zo blijft de herinnering* (Raalte, 2010)

L'Équipe, *Tour de France 100 ans (1903-2003)* (Parijs, 2002)

Jean Nelissen, *De bijbel van 101 jaar Tour* (Amsterdam, 2004)

Peter Ouwerkerk, Wilfried de Jong en Jacob Bergsma, *In koers!* (Amstelveen, 2006)

Peter Ouwerkerk, *Rini Wagtmans, van straatjongen tot ridder* (Breda, 2006)

Peter Ouwerkerk, Hans-Jürgen Nicolaï, Vincent Luyendijk, *Het grote Tourboek* (Amsterdam, 2009)

Maarten Scholten, *Boogie. De officiële biografie van Michael Boogerd* (Nieuwegein, 2007)

Bert Wagendorp, Leo van der Ruit, Frans van Schoonderwalt e.a., *Tussen Bordeaux en Alpe d'Huez, Nederland in 100 jaar Tour de France* (Weert, 2003)

Jeroen Wielaert, *Het Frankrijk van de Tour* (Amsterdam, 2010)

KRANTEN EN TIJDSCHRIFTEN

NRC Handelsblad, Sport International, L'Équipe, de Volkskrant, De Telegraaf, Algemeen Dagblad, Trouw, NUsport, Procycling, Wielerrevue, Wielerland Magazine

WEBSITES

letour.fr, climbbybike.com, cyclingnews.com, wielerland.nl, wikipedia.nl, veloarchive.com, memoires-du-cyclisme.net

VERANTWOORDING

Uit de Noorse *Røff guide til Tour de France 2011* van Johan Kaggestad en Hans Petter Bakketeig (Schibsted Forlag, Oslo 2011) zijn de volgende stukken vertaald:
p. 41 ('Henri Pélissier'), p. 48 ('Fausto Coppi')

Uit de *Røff guide til Tour de France 2012* (Schibsted Forlag, Oslo 2012):
p. 115 ('Jean Robic'), p. 131 ('Tien weetjes over Parijs')

Uit de *Røff guide til Tour de France 2013* (Schibsted Forlag, Oslo 2013):
p. 24 ('De Britse omweg naar de Tour de France'), p. 66 ('We gaan naar de Tour en nemen mee...'), p. 91 ('L'Étape du Tour'), p. 97 ('Jonggestorven winnaars'), p. 122 ('Hoezo, even schakelen?')

De vertalingen zijn van de hand van Carla Joustra en Lucy Pijttersen, via het Scandinavisch Vertaal- en Informatiebureau Nederland (svin).